Im Hier und Jetzt zu Hause sein

Thich Nhat Hanh

IM HIER UND JETZT ZU HAUSE SEIN

Theseus Verlag

Gegenwärtiger
Augenblick,
wunderbarer
Augenblick.

INHALT

Im Hier und Jetzt zu Hause sein

Wer einmal erlebt hat, wie wohltuend, erfrischend und heilsam es ist, ganz im gegenwärtigen Moment zu sein, im Hier und Jetzt wirklich anzukommen, in dem wird eine tiefe Sehnsucht erwachsen, solche Augenblicke öfter und länger zu erleben. Ganz bei sich und gleichzeitig mit allem verbunden, fühlt man sich zu Hause, nichts fehlt, alles ist da.

Oft ertappe ich mich im Alltag dabei, wie ich drei Dinge gleichzeitig tun will; ich beginne etwas, mache mit einer anderen Sache weiter und finde dann noch eine dritte Aufgabe, die sofort erledigt werden muss. Wenn mir bewusst wird, was ich da tue, dann lasse ich erst einmal alles stehen, mache mir, wenn möglich, eine Tasse Tee, gebe mir zehn Minuten Auszeit und versuche in dieser Zeit, nur Tee zu trinken, sonst gar nichts. Danach gehe ich viel entspannter an meine Aufgaben, erledige eine nach der anderen, und die Dinge gelingen mir viel besser und schneller, weil ich ganz dabei bin.

Ein langer Tag im Seniorenheim, mir tun die Füße weh, ich bin müde und will nach Hause. Jemand sagt: »Die Spülmaschine müsste noch ausgeräumt werden« – nicht mehr. Und dieser Satz löst einen unglaublichen Monolog in meinem Kopf aus, einen Monolog der Rechtfertigungen, Anschuldigungen,

Erklärungen und Richtigstellungen. Die ganze Zugfahrt über ärgere ich mich, stelle immer wieder klar, dass ich den ganzen Tag schwer gearbeitet habe – ehrenamtlich –, dass ich schon vierzehn Stunden unterwegs bin und ja auch je mand anderes die Spülmaschine ausräumen könnte und überhaupt wird meine Arbeit nicht so anerkannt, wie ich mir das wünsche und angemessen fände und so weiter und so fort – ein CD-Player, der immer wieder an derselben Stelle hängen bleibt und die Litanei nur ein wenig abgeändert in stetigen Schleifen wiedergibt.

Das Haus, in dem ich lebe, liegt auf einer Anhöhe. Völlig meinem Ärger hingegeben ist mir gar nicht bewusst, wie locker leicht ich diese Steigung heute nehme, bis ich auf einmal merke, was ich da tue, und innehalte. Plötzlich sehe ich wieder die Blumen am Wegrand, höre das Rauschen des Baches, der neben der Straße fließt, nehme die Sonne wahr, die mich schon die ganze Zeit begleitet. Und alles ist gut in diesem Moment; ich bin wieder da, ganz im Augenblick und lächle mir zu, mir, die ich so viel Zeit vergeudet habe wegen eines einfachen Satzes, den ich mit allen möglichen Dingen beschwert habe.

Innehalten heißt in diesem Fall aber auch sich die Zeit nehmen, hinzuschauen, was da geschehen ist, welche Knöpfe wieder gedrückt wurden und wo es in meiner Übung noch gewaltig hakt: Da ist zum Beispiel dieses alte Bedürfnis, alles gut machen zu wollen, meine Unfähigkeit, klare Grenzen zu setzen, der Wunsch, beliebt und anerkannt zu sein, da sind diffuse Schuldgefühle, die mir sagen: »Hier gibt es so viel zu tun, da sollte ich doch noch mal eben die Spülmaschine ausräumen können.« Innehalten gibt mir die Möglichkeit, mich wieder neu auszurichten, und zu erkennen, wo alte Muster ganz leicht angeregt werden können.

Und vielleicht werde ich beim nächsten Mal schon ein wenig eher stoppen können, sehen, dass die anderen auch den ganzen Tag auf den Beinen waren und nach Hause wollen, und mit ihnen nach einer für alle zufrieden stellenden Lösung suchen.

Ein lieber Freund ist schwer krank. Eine tiefe Gewohnheitsenergie meldet sich: »Mir das Schlimmste vorzustellen, damit ich gewappnet bin.« Auch hier hilft mir wieder, innezuhalten und mich im gegenwärtigen Moment zu verankern. Was ist jetzt? Gerade jetzt? Er ist krank, aber er lebt noch! Ich bin hier, der Himmel ist blau, die Sonne wärmt, und ich weiß, er wird jetzt auf der Terrasse in der Sonne liegen. Ich hole meine Hängematte und verbinde mich mit ihm, bin glücklich, dass es ihn noch gibt. Manchmal nehme ich ihn in Gedanken bei der Hand, um für ihn zu gehen, zu schauen, zu hören. So sind wir beide in diesem Moment ganz lebendig.

Innehalten und präsent sein, ankommen im gegenwärtigen Moment – dies sind wunderbare Übungen, die unseren Alltag viel heller werden lassen. Wir können neue Wege in unserem Geist anlegen und müssen nicht immer den ausgetretenen Pfaden unserer Gewohnheitsenergien folgen. Wir können offen dem begegnen, was ist. Wir spüren unseren Körper, nehmen wahr, was in unserem Geist geschieht, und sind verbunden mit allem, was im gegenwärtigen Moment mit uns ist. Wir sind da. Und je öfter wir ganz da sind, desto wohler fühlen wir uns in diesem Moment, wir sind zu Hause in dieser Gegenwärtigkeit.

Gegenwärtiger Augenblick, wunderbarer Augenblick.

Der Buddha hat uns vor über 2500 Jahren eine Vielzahl von Werkzeugen an die Hand gegeben, diesen wunderbaren Augenblick zu berühren.

Der vietnamesische Mönch, Dichter und Vertreter einer sozial engagierten Spiritualität Thich Nhat Hanh wird nicht müde, uns diese Werkzeuge immer wieder nahe zu bringen, uns die Freude an der Übung zu vermitteln, uns zu ermuntern, zu ermutigen und anzuregen, das Gesagte auszuprobieren. In Vorträgen, Büchern und bei seinen vielen Reisen vermittelt er einen lebendigen Buddhismus, den er als umfassende Praxis zur Heilung und Transformation versteht. Seine spirituellen Zentren in Frankreich und

Amerika sind bedeutende Übungsorte für alle geworden, die die Achtsamkeit zusammen mit anderen erlernen oder wieder entdecken wollen.

Dieses Buch enthält eine Vielzahl inspirierender Anregungen Thich Nhat Hanhs, Vorschläge zur Übung, zum Nachdenken, zum Wirkenlassen, die uns helfen können, uns mehr und mehr im Hier und Jetzt zu verankern, im Hier und Jetzt unsere wahre Heimat zu finden. Mögen sie Samen sein, die bei Ihnen auf fruchtbaren Boden fallen, den Garten ihres Geistes kultivieren und wunderschöne Blüten der Achtsamkeit hervorbringen.

Ursula Hanselmann
Mai 2006

Vorwort

Buddhismus ist eher eine Praxis als eine Religion. Wenn wir von Buddhismus sprechen, dann meinen wir eine Praxis, die uns dabei helfen kann, uns zu verändern. Religiöse Themen wie Schöpfung, Offenbarung, Erlösung sind im Buddhismus nicht so wichtig. Im Buddhismus reden wir über diese Dinge gar nicht. Wir sprechen nur von der Praxis, und so ist es letztendlich nicht ganz richtig, Buddhismus der Kategorie »Religion « zuzuordnen.

Praxis im Buddhismus ist Kultivierung des Geistes, denn der Geist wird als Grundlage von allem gesehen. Der Geist ist so etwas wie die Erde, ein Garten, den wir kultivieren, damit Blumen und Früchte wachsen können. Das entsprechende Sanskrit-Wort heißt *cittabhavana*. *Citta* ist der Geist und *bhavana* bedeutet Kultivierung. Das Wort »Meditation« ist ein westlicher Begriff. Im Buddhismus sprechen wir von der Kultivierung des Geistes, wenn wir die Praxis, die Übung, meinen. Im Chinesischen bedeutet das Wort Praxis: etwas verbessern, reparieren, festigen, verwandeln, etwas verschönern, wahrer, realer machen. Eine Praxis, die darauf zielt, uns schöner, wahrer zu machen, die dazu dient, uns zu vervollkommnen, uns gesünder zu machen, glücklicher.

Der Buddha ist weder Gott noch Schöpfer; der Buddha ist ein menschliches Wesen, das gut praktiziert hat, das sich selbst verwandelt und die Rolle eines großen Bruders, eines Lehrers für uns übernommen hat. Er ist kein Gott sondern ein Freund, der uns leitet.

Wenn wir die grundlegenden Texte des Buddhismus studieren wie zum Beispiel das *Sutra der Achtsamkeit auf den Atem (Anapanasati-Sutra)* oder das *Sutra der vier Verankerungen der Achtsamkeit (Satipathana-Sutra)*, so sehen wir, dass es Texte sind, die uns beim Üben helfen, die uns dabei helfen, unseren Geist zu kultivieren. Diese Texte sind keine psychologischen Texte, sie sind aber auch keine philosophischen Abhandlungen. Ebenso wenig sind sie aber auch als religiöse Texte zu verstehen.

Diese Texte dienen der Praxis, der Heilung, der Transformation. Es sind Worte, die darauf abzielen zu transformieren. Sie sind somit eine Art Medizin.

Der Westen tendiert dazu, Buddhismus als Religion zu sehen, und Buddhisten selbst haben ihre Tradition in eine Religion umgewandelt. Der Buddhismus in seinen Ursprüngen war keine andächtige, fromme Praxis, auch keine rituelle. Im Zentrum stand die umfassende Kultivierung des Geistes.

Wir praktizieren aber nicht nur mit dem Geist, wir üben auch mit dem Körper. Cittabhavana stärkt unsere Gesundheit – unsere körperliche und unsere geistige Gesundheit.

Cittabhavana – im Westen sagen wir meist »Meditation« – dient der Befriedung, der Beruhigung unseres Körpers und unseres Geistes, der Entspannung von Körper und Geist. Wir führen dem Körper und dem Geist nährende Elemente zu. Wir benötigen diese Nahrung für unseren Körper und unseren Geist: Frieden, Glück, Liebe. Die Praxis bewirkt Transformation. Transformation von Krankheit, Transformation von negativen Geistesinhalten wie Angst, Ärger, Verzweiflung.

Um zu vollständiger Heilung, vollständiger Transformation zu gelangen, müssen wir ein tiefes und authentisches Wissen von uns selbst und unserem Umfeld entwickeln. Die Praxis beinhaltet also auch ein tiefes Schauen – in uns selbst und in unsere Umwelt. Dadurch können wir die Wirklichkeit erkennen, und Heilung und Transformation werden möglich. Heilung und Transformation gehen Hand in Hand mit Einsicht und Wissen. Wissen bedeutet hier nicht intellektuelles Wissen, sondern Weisheit, tiefes Verstehen des Seins. Das wird uns befreien, wird uns heilen und transformieren.

Geh dorthin,
wo du dein Liebstes
findest.
Dorthin,
wo du dich selbst
findest.

AUSRUHEN UND NICHTS TUN

IM KREIS LAUFEN

Ach du, die du im Kreise läufst,
bitte höre auf damit.
Warum tust du das?

»Ich kann nicht *sein,* ohne zu laufen,
weil ich nicht weiß, wohin ich gehen soll.
Deshalb laufe ich im Kreis.«

Ach du, der du im Kreise läufst,
bitte hör auf.

»Aber wenn ich damit aufhöre,
höre ich auf zu sein.«

Ach meine Freundin, mein Freund,
die ihr im Kreise lauft,
ihr seid doch nicht eins mit dem verrückten
Im-Kreis-laufen.
Ihr könnt auch am Laufen Freude haben,
ohne im Kreis zu gehen.

»Wohin kann ich gehen?«

Geh dorthin, wo du dein Liebstes findest –
dorthin, wo du dich selbst findest.

Sein statt Tun

Wir sollten versuchen, eine neue Kultur zu schaffen, in deren Zentrum das Sein steht. Das ist eine große Herausforderung, denn wir haben die Tendenz, in Begriffen des Tuns zu denken und nicht in Begriffen des Seins. Wir glauben, wenn wir nichts tun, dann vergeuden wir unsere Zeit. Das ist nicht wahr. Unsere Zeit ist zunächst für uns da, ist da für uns, damit wir sein können – was zu sein? Lebendig zu sein. Frieden zu sein, Freude zu sein, zu lieben. Das ist, was die Welt am dringendsten braucht. Wir üben uns darin zu sein. Und wenn wir die Kunst beherrschen, friedlich zu sein, stabil zu sein, dann haben wir die Grundlage für jedes Handeln geschaffen, denn Grundlage jedes Tuns ist, zu sein. Und die Qualität des Seins bestimmt die Qualität des Tuns. Das Tun muss auf dem Nichtstun basieren.

Wir sagen oft: »Sitz nicht so herum, tu was«, aber wir sollten es umgekehrt sehen: »Tu nicht einfach was, setz dich hin, sei da.« Wenn wir diese Sicht kultivieren, dann können wir eine neue Dimension, eine neue Kultur des Seins schaffen. Können so sein, dass Frieden, Brüderlichkeit, Verstehen und Mitgefühl möglich werden.

Das

Reine Land,

das Paradies,

ist

zum Greifen

nahe.

Nichtstun als Tun

In unserer Gesellschaft ist das Leben der meisten von uns völlig verplant – selbst bei Kindern ist das schon der Fall. Wir zwingen unsere Kinder dazu, zu viel zu tun, und wir zwingen uns selbst dazu, zu viel zu tun. Deswegen leiden wir unter Stress, Burnout, Depressionen, Magengeschwüren und so weiter. Das sollten wir ändern.

In Plum Village haben wir jede Woche einen Tag, den wir »Lazy Day« nennen. Einen solchen Tag sollten auch Sie versuchen, in Ihrem Alltagsleben einzurichten. Es ist dies aber kein Tag, an dem Sie tun können, was Sie wollen. Sie kennen sicherlich Dinge, die Sie besonders gerne tun und von denen Sie das Gefühl haben, zu wenig Zeit dafür zu haben. Und so glauben Sie vielleicht, dieser Tag sei dafür da, sich diesen Dingen endlich einmal ausgiebig widmen zu können. Aber das ist nicht der Sinn des Lazy Day. Lazy Day ist ein Tag, an dem Sie Abstand davon nehmen sollten, überhaupt etwas zu tun. Sie widerstehen, Dinge tun zu wollen.

Das ist für die meisten schwieriger, als es sich zunächst anhören mag, denn wir sind es so sehr gewöhnt, immer etwas zu tun. Wir gestatten es uns kaum einmal, nichts zu tun. Immer beschäftigt zu sein ist eine ganz starke Gewohnheit geworden, und deshalb leiden Sie, wenn Sie nichts tun. Der Lazy Day ist eine drastische Maßnahme gegen diese Art von Gewohnheitsenergie. An diesem Tag vermeiden Sie es, etwas zu tun, Sie tun Ihr Bestes und versuchen, nichts zu tun. Es ist schwierig, ich weiß, aber Sie sollten es lernen.

DIE PALME IN MEINEM GARTEN

Nachdem ich etwa eine oder anderthalb Stunden gearbeitet habe, brauche ich ein wenig Gehmeditation im Freien. Gestern habe ich einen Artikel geschrieben. Ich mag diese Tätigkeit, mag Worte, Grammatik, Ideen, Bilder und Poesie. Nachdem ich etwa eine Stunde mit Bleistift und Papier verbracht hatte, schaute ich durch das Fenster auf eine junge Palme. Sie war so schön, als ob sie gerade frisch aus dem Paradies gekommen wäre, und ich sagte mir: »Obwohl ich sehr gerne schreibe, ist doch auch die Natur draußen ungemein einladend.« Mein Herz vibrierte voll Freude – ich sah: Das Reine Land, das Paradies, ist zum Greifen nahe. Ich war wie ein Kind, ich wollte nach draußen und die Palme berühren.

Ich möchte euch die Geschichte dieser Palme erzählen: Ich hielt mich vor einiger Zeit in Deutschland auf und fastete mit einigen Freunden ein paar Tage, ich trank nur Kräutertee. Eines Nachts sah ich mich selbst in einem schönen Park umhergehen. Ich war sehr achtsam in diesem Traum: Ich berührte die Rinde der Bäume ganz aufmerksam und freute mich an jedem Detail der Baumrinden. Ich ging einen Pfad entlang, der von dichter, grüner Vegetation gesäumt wurde, zu meiner Linken waren viele junge Palmen. Ich blieb stehen, schaute und sagte: »Dieses Grün ist so schön«, und ich berührte es achtsam. Achtsamkeit ist auch in Träumen möglich. Wenn wir Achtsamkeit eine Weile praktizieren, werden wir sie auch in unseren Träumen üben und genießen können.

Ich erinnere mich an einen Zen-Meister in China, der einige Besucher in den Garten seines Tempels führte, auf einen Busch zeigte und sagte: »Meine Damen und Herren, wenn die Menschen unserer Zeit auf diese Blätter und diese Blüten schauen, dann schauen sie, als ob sie in einem Traum wären.«

Wenn ich Gehmeditation übe, besonders im Wald, dann sehe und berühre ich die Pflanzen so, dass sie unmöglich einem Traum entstammen könnten. Das gelingt mir, denn selbst im Traum ist die Baumrinde, die Palmrinde, ganz wirklich für mich. Als ich aus meinem Traum erwachte, sagte ich mir: »Die junge Palme in meinem Traum war so schön. Wenn ich nach Frankreich zurückkomme, möchte ich gerne eine in meinem Garten pflanzen.« Drei Tage nach meiner Rückkehr ging ich in eine Baumschule und fand eine wunderschöne junge Palme, die ich bat, in meinen Garten mitzukommen.

Ich habe sie an einem Ort eingepflanzt, an dem ich sie ganz oft während des Tages sehen kann. Jedes Mal, wenn ich meine Schreibtätigkeit unterbreche, schaue ich hinaus und sehe sie. Sie ist Teil meiner Sangha, die mich daran erinnert, glücklich zu sein und jeden Moment meines täglichen Lebens zu genießen.

DIE FREUDE, DA ZU SEIN

Jedes Mal, wenn Sie sich hinsetzen, sollten Sie wie ein Buddha sitzen! Ob in Ihrem Wohnzimmer, am Fuße eines Baumes oder auf Ihrem Kissen – sitzen Sie und genießen Sie Ihr Sitzen. Wenn Sie wissen, wie Sie sitzen und Ihr Sitzen genießen, dann wird das Sitzen keine mühsame Praxis sein. Es ist dann sehr angenehm. Sie sitzen und Sie tun gar nichts. Sie sitzen einfach nur da und genießen es. Auf die Qualität Ihres Da-Seins kommt es an. Allein oder mit ein paar Freunden zu sitzen bedeutet, Ihre wahre Präsenz zu verwirklichen, Ihre ganze Präsenz.

In unserem Alltag verlieren wir uns oft in unseren Sorgen, in unserem Denken, und wir haben immer zu viele Projekte, um die wir uns kümmern müssen – deswegen ist es wichtig, dass wir lernen zu sitzen. Zu sitzen bedeutet, uns selbst wieder zusammenzubringen, bedeutet, ganz präsent zu sein, ganz lebendig im Hier und Jetzt. Ganz einfach und auch sehr schnell können wir das bewerkstelligen. Fünf Sekunden oder zehn Sekunden reichen aus, um wieder ganz bei uns zu sein, um wirklich anwesend im Hier und Jetzt zu sein. Diese Qualität des Seins können wir uns selbst anbieten, ebenso der Gemeinschaft, der Sangha, der Welt. Seien Sie da, ganz lebendig, ganz präsent – das ist der Zweck des Sitzens, darüber hinaus brauchen Sie überhaupt nichts zu tun. Die grundlegende Praxis ist, da zu sein und die Freude am Zusammensein zu spüren.

Es ist wie bei einem Vogelschwarm, der am Himmel fliegt. Die Vögel genießen es, zusammen zu fliegen. Es ist keine harte Arbeit für sie, es ist reine Freude, auf diese Art zu fliegen. In diesem Geist sitzen wir zusammen, wir fühlen unser Zusammensein, wir fühlen unsere gegenseitige Unterstützung. Wenn wir so sitzen, dann fühlen wir die Energie, die Transformation. Wenn wir aus dem Fenster schauen, sehen wir, dass die Bäume genau dasselbe machen. Sie stehen einer neben dem anderen. Sie sprechen nicht.

Einatmend
weiss ich,
dass ich
einatme.

Und sie fühlen die Präsenz aller anderen. Das ist sehr nährend. Ich definiere die Sitzmeditation gerne als »Nichtstun« – dasitzen und nichts tun. In allererster Linie ist Sitzmeditation die Freude, da zu sein, ganz lebendig und mit den Wundern des Lebens in Berührung. Das ist sehr lohnend, sehr heilsam und transformierend.

Anstrengungslos

Wir sollten uns auf eine Art und Weise hinlegen oder -setzen, die es unserem Körper erlaubt, sich auszuruhen. Während des Sitzens bilden Kopf und Wirbelsäule eine gerade Linie. Wir entspannen alle Muskeln. Wenn wir auf einem Kissen sitzen, sollten wir eins aussuchen, das die richtige Höhe für unsere körperliche Konstitution aufweist. Wir wählen eine Sitzposition, die es uns erlaubt, mindestens zwanzig Minuten zu sitzen, ohne dass wir steif oder müde werden. Sobald wir uns hinsetzen, achten wir auf unseren Atem. Dann nehmen wir unsere Sitzhaltung wahr, spüren in unseren Körper hinein: Wir entspannen die Muskeln in unserem Gesicht. Wenn wir ärgerlich oder besorgt sind, werden die Gesichtsmuskeln angespannt sein. Wir können dann sanft lächeln, und Hunderte von Muskeln in unserem Gesicht werden sich dadurch entspannen. Dann nehmen wir unsere Schultern wahr und lassen alle Anspannung in dem Bereich los. Wir strengen uns dabei aber nicht zu sehr an, wir atmen nur ganz achtsam und gehen auf diese Weise mit unserer Wahrnehmung durch den ganzen Körper.

Wenn wir auf diese Weise entspannt sitzen, werden wir tiefe Ruhe erfahren. Eine Zeitspanne der Sitzmeditation ist eine Zeit, die es wert ist, gelebt zu werden.

Die Achtsamkeit anknipsen

Beim achtsamen Atmen sollten wir uns nicht um die Einatmung bemühen, sollten uns nicht anstrengen. Atmen wir ganz natürlich. Wir atmen ohnehin ein, warum sollten wir uns also vornehmen einzuatmen. Achten wir lediglich auf unseren Atem, erlauben wir ihm, so zu sein, wie er ist. Seien wir ganz liebevoll, umarmen wir unseren Atem mit unserer Achtsamkeit.

Wenn wir jemanden lieben, werden wir ihm oder ihr erlauben, einfach zu sein. Wir werden nicht sagen:

»Wenn du das nicht tust, werde ich dich nicht lieben«, oder »nur wenn du so oder so bist, kann ich dich lieben.« Lassen wir auch unseren Atem einfach nur sein. Umarmen wir ihn mit der Energie der Achtsamkeit. Einatmend weiß ich, dass ich einatme. Das ist alles. Die Wirkung wird immens sein.

Viele Menschen praktizieren so, als ginge es darum, eine anstrengende Arbeit zu erledigen. Sie zwingen sich, sie strengen sich zu sehr an und ermüden so nach kürzester Zeit. Wenn wir wissen, wie wir Ruhe finden können, wie wir unseren Atem ganz natürlich ein- und ausströmen lassen können, werden wir niemals müde werden. Wir brauchen nur unsere Achtsamkeit »anzuknipsen« und uns des Atems bewusst zu werden. Das ist so, als knipsten wir ein Licht an. Weil es dann hell ist, können wir sehen, was sich alles in unserem Umfeld befindet. So ist auch der Effekt der Bewusstheit. Wir nehmen unser Einatmen als Einatmen wahr, unser Ausatmen als Ausatmen, und wir umarmen beide mit Liebe.

In kürzester Zeit wird sich die Art unseres Atmens verändern. Es ist so wie bei einem unruhigen Baby, das um sich schlägt, weint, zittert. Wir werden nicht sagen: »Nun hör doch auf, weine nicht, sei nicht aufgeregt.« Wir werden das Baby nicht dazu zwingen, sich so zu verhalten, wie wir es möchten. Wir werden es in den Arm nehmen und halten.

Wenn Zärtlichkeit, Liebe und Sorge in uns aufsteigen, wird diese Energie ganz natürlich das Baby erreichen und eine Veränderung bewirken.

In der Sitzmeditation sollten wir genauso vorgehen. Wir kämpfen nicht dabei. Sitzen wir in einer entspannten Haltung. Wir lächeln, lassen los. Können Sie sich daran erinnern, wie es ist, wenn Sie fernsehen? Sie können mühelos eine Stunde oder zwei oder noch länger sitzen. Sie klagen nicht, dass Sie Schmerzen in Ihren Schultern oder Armen haben. Warum imitieren wir in der Sitzmeditation nicht die Art und Weise, wie wir vor dem Fernseher sitzen? Der Schlüssel heißt »anstrengungslos«. Tatsächlich ist dies eine Praxis, die ich als gute Möglichkeit sehe, sich auszuruhen.

Sprechen wir unseren Namen ganz leise

So wie die Sitzmeditation eine Übung des Ausruhens sein kann, so kann dies auch die Gehmeditation sein, bei der wir die Erde berühren und uns des Wunders bewusst werden, dass wir lebendig sind und auf der Erde gehen. Jeden Moment sind wir ganz da, um

Wir sind
die Person,
die wir
am dringendsten
brauchen.

uns um unsere Sorgen, unsere Ängste, unser Leiden zu kümmern. Diese ruhen vielleicht ganz ruhig am Grund unseres Bewusstseins, vielleicht steigen sie gerade an die Oberfläche auf – dann sollten wir sie wahrnehmen und umarmen. Umarmen wir sie mit unserer wirklichen Präsenz, denn die Energie der Achtsamkeit ist die Energie des Für-uns-da-Seins. Die Sonne ist für uns da, der Mond ist für uns da, die Bäume sind für uns da, das Wasser ist für uns da, und wir sollten genauso auch für sie da sein – aber ganz besonders sollten wir für uns selbst da sein. Wir sind die Person, die wir am dringendsten brauchen. Sprechen wir unseren Namen ganz leise – dieser Mensch hat gelitten, dieser Mensch hat uns sehr nötig, wir sollten zu ihm zurückkehren und ihn umarmen.

KÄMPFEN, UM GLÜCKLICH ZU SEIN?

Ich habe gerade eine vierzehntägige Fastenkur beendet, und es geht mir gut, ich sehe viel besser aus. Ich bin vielleicht ein wenig dünn, aber ich fühle mich sehr wohl. Wenn wir fasten, nichts tun, alle Projekte sein lassen, allen Wünschen entsagen, erlauben wir unserem Körper, sich auszuruhen, sich zu regenerieren.

Geben wir uns wirklich eine Chance. Und wenn wir unserem Körper erlauben, sich auszuruhen, dann können wir ebenso unserem Geist, unserem Bewusstsein eine Zeit der Ruhe gönnen. Wir alle brauchen das.

Ein Tier weiß, dass es Reserven hat. Es kann viele, viele Tage ohne Essen überleben. Tatsächlich ist Fasten eine wunderbare Weise, sich selbst zu heilen. Sie brauchen nicht einmal einen Arzt dazu. Sie selbst sind der Arzt. Sie kennen Ihre Bedürfnisse. Sie wissen, wie sie sich ausruhen können.

Wissen Sie das wirklich? Sind Sie sicher? Wissen Sie, wie sie still sitzen können? Haben Sie in Ihrem Alltag ausreichend Gelegenheit, sich hinzulegen und auszuruhen? Haben Sie wirklich die Möglichkeit, sich in Ruhe hinzusetzen?

Es gibt in uns die Tendenz, zu kämpfen, dies zu tun und jenes zu tun, denn seit unvordenklicher Zeit wurde uns beigebracht, dass wir kämpfen müssen, um glücklich zu sein. Seit vielen Generationen kämpfen wir, rennen wir. Wir waren nie fähig innezuhalten. Unser Urgroßvater hat es so gemacht, unsere Großmutter, unser Vater, unsere Mutter – alle haben es so gemacht, und nun machen wir genau dasselbe. Wir rennen und rennen, denn wir glauben, das Glück liege irgendwo in der Zukunft und wir müssten dorthin eilen, um es zu ergreifen.

Deshalb ist es nicht so einfach für uns, innezuhalten und uns auszuruhen. Wir sollten das aber lernen und dabei die Unterstützung anderer suchen, die dasselbe tun. Die anderen helfen uns, indem sie es selbst versuchen. Gehmeditation zu praktizieren, zu sitzen, eine stille Mahlzeit zu genießen – all das sind wirkungsvolle Übungen, das Innehalten zu erlernen.

DIE WIEDERKÄUENDEN KÜHE

Unser Geist ist wie ein Kassettenrekorder, der Tag und Nacht eingeschaltet ist. Wir sind nicht im gegenwärtigen Moment, denn unser Denken, unsere Sorgen halten unseren Geist beschäftigt. Wir verlieren uns vielleicht in unserer Vergangenheit, wir bedauern, was in der Vergangenheit geschehen ist, oder sind gefangen im Leiden, das wir in der Vergangenheit erfahren haben. Wir haben schon in der Vergangenheit gelitten, nun wollen wir weiter leiden, indem wir uns immer wieder daran erinnern. Wir rufen uns unsere Vergangenheit ins Gedächtnis, um mehr zu leiden. Warum wollen wir unser Leiden viele Male durchleben? Wenn Kühe Gras fressen, dann schlucken sie es hinunter, dann holen sie es wieder hoch und kauen wieder und schlucken es ein zweites

Mal hinunter. Viele von uns handeln genauso. Wir haben bereits in der Vergangenheit gelitten. Aber wir möchten unser Leiden wieder gegenwärtig werden lassen und noch mehr leiden. Wir mögen das.

Die Zukunft ist noch nicht da, aber wir versuchen sie uns vorzustellen und sorgen uns, werden ängstlich. Wir sind nicht fähig, im gegenwärtigen Moment zu verweilen, dort, wo das Leben stattfindet. Das Leben und seine vielen Wunder sind in uns und außerhalb von uns vorhanden, und doch sind wir nicht fähig, diese Wunder zu berühren, weil wir uns in der Vergangenheit und in der Zukunft verlieren, in unseren Projekten, unseren Sorgen und Grübeleien. Wie kann sich da unser Geist ausruhen und erholen?

Erinnern wir uns daran, wie wir jemand, der uns sehr nahe stand, verloren haben. Wir haben gelitten und gedacht, wir würden dieses Leiden nie wieder vergessen, uns von dem Verlust nicht wieder erholen können. Wir dachten, das Leiden werde von da an immer mit uns sein, die Wunde werde ewig bleiben. Nach einer gewissen Zeit haben wir uns dann aber doch daran gewöhnt, und es war uns möglich weiterzuleben. Das zeigt, dass unser Geist, unsere Seele dazu fähig waren, sich selbst zu heilen.

Wir sollten unserem Geist vertrauen, genauso wie unserem Körper. Unser Geist hat die Kraft der Selbstheilung, wenn wir wissen, wie wir ihm Ruhe geben können und wie wir ihn nicht mit weiteren Sorgen, weiteren Projekten und Ängsten füttern. Die Praxis des achtsamen Atmens, achtsamen Gehens, die Freude am blauen Himmel, an der Vegetation, dem Zusammensein mit Freunden, das Genießen des gegenwärtigen Augenblicks helfen uns, diese Art der Gefühle, die unser Herz und unseren Geist mit Sorgen und Angst erfüllen, zu stoppen. So kann innere Heilung stattfinden.

Heilung ist jeden Moment möglich

Nach einem langen Arbeitstag wollen Sie vielleicht ausruhen. Wir wissen, dass es wundervoll ist, ganz friedlich in unserem Bett zu liegen, den Körper auszuruhen, den Geist auszuruhen. Wir wissen das, aber wir sind unfähig dazu. Körper und Geist vagabundieren in viele Richtungen; wir führen endlose innere Diskussionen.

Es ist so schade: Das Bett ist schön warm und weich, wir haben sechs bis acht Stunden Zeit, um uns auszuruhen. Es ist traurig, dass wir nicht ruhen können, denn unser Körper braucht die Ruhe, um sich wieder zu regenerieren. Auch unser Geist braucht Ruhe. Wir können eigentlich nicht behaupten, dass uns jemand daran hindert, uns auszuruhen. Tatsächlich haben wir viele Stunden vor uns, um Ruhe zu finden. Wir haben Zeit, in der wir nichts tun müssen. Die Bedingungen sind ausreichend vorhanden, damit wir unserem Körper und unserem Geist Ruhe geben können. Die Achtsamkeit sagt uns, dass die Bedingungen zum Ausruhen vorhanden sind. Wir sind frei, wir haben jetzt nichts zu tun, und das Bett ist warm und weich. Wir könnten es genießen, in unserem Bett zu liegen und zu entspannen, zu schlafen.

Der Buddha sagt uns: »Warum genießt du nicht das achtsame Atmen? Einatmend weißt du, dass du einatmest. Ausatmend weißt du, dass du ausatmest. Einatmend bist du dir ganz deiner Einatmung bewusst, ausatmend bist du dir ganz deiner Ausatmung bewusst. Einatmend genießt du das Einatmen, ausatmend genießt du das Ausatmen.«

Genau das benötigen wir, um unsere mentalen Diskurse zu beenden, um die wundervollen Bedingungen des Glücks zu berühren, die vorhanden sind. Dann können wir anfangen auszuruhen.

Wenn Sie also in Ihrem Bett liegen und nicht schlafen können, bleiben Sie einfach liegen, genießen Sie das Einatmen, das Ausatmen, lächeln Sie sich zu, lächeln Sie dem gegenwärtigen Moment zu, lächeln

Sie dem Leben zu, lächeln Sie den Bedingungen zu, die Ihre Freude ermöglichen, genießen Sie einfach. Umarmen Sie den gegenwärtigen Moment, umarmen Sie das Leben. Es ist ein ganz wunderbarer Moment. Sorgen Sie sich nicht, selbst wenn Sie nicht genug Schlaf für den nächsten Tag finden. Die Tatsache, dass Sie einfach daliegen und den gegenwärtigen Moment genießen, das Ein- und Ausatmen in einem warmen Bett, das ist schon eine ganze Menge. Wenn Körper und Geist in so einem Zustand sind, dann werden Sie auf ganz natürliche Weise einschlafen. Viel leichter, als wenn Sie sich herumwälzen und denken und sorgen. Anstatt sich herumzuwälzen, genießen Sie einfach Ihr Ein- und Ausatmen. Lächeln Sie und erfreuen Sie sich daran, dass sie lebendig und von all den Wundern des Lebens umgeben sind.

Geben

wir uns

wirklich

eine

Chance.

INNEHALTEN

NICHT-GREIFEN

Verlassener Strand,
Fußspuren im Sand, vom Regen ausgelöscht –
Die Verzweiflung kommt von nirgendwoher,
und ihre Füße berühren noch nicht die Erde.

Plötzlich höre ich aus der Ferne das Flüstern
der sanften Frühlingswinde,
und die Verzweiflung ist fort.

DIE BLUMEN IM GARTEN UNSERES HERZENS

Wir haben bestimmte Vorstellungen von Glück, an denen wir sehr hängen. Wir glauben, wenn wir dies oder jenes nicht verwirklichen und erreichen, wenn wir dies oder jenes nicht ändern können, dann wird Glück für uns niemals möglich sein. Wegen unserer Anhaftung an diese Ideen sind wir nicht in Frieden mit uns selbst. Wir versuchen, ständig etwas dafür zu tun, etwas zu verwirklichen, um glücklich zu sein, aber vielleicht ist ja das Glück längst da. All die Bedingungen zum Glücklichsein sind bereits vorhanden. Wir müssen sie nur erkennen.

Einatmend

weisst du, dass du

einatmest.

Ausatmend

weisst du, dass du

ausatmest.

Wie können wir sie erkennen, wenn wir nicht wirklich präsent sind?

Vielleicht haben wir noch nicht wahrgenommen, dass die Sonne am Himmel eine Bedingung für unser Glücklichsein ist. Nehmen wir uns nur eine Sekunde Zeit, dann erkennen wir, dass das Leben auf der Erde nur möglich ist, weil es die Sonne gibt. All unsere Nahrung verdanken wir dem Licht der Sonne. Wenn wir die Sonne so wahrnehmen, dann sehen wir, dass die Sonne unsere Mutter, unser Vater ist. Sie nährt uns jeden Tag, sie ist immer für uns da. Wir beschweren uns vielleicht darüber, dass niemand sich um uns kümmert, dass niemand uns liebt, keiner sich um uns sorgt, aber die Sonne ist da und nährt uns jede Sekunde unseres Lebens.

Die Erde, die Bäume, das Wasser, die Luft, die Vögel, die Insekten – all das ist da, und wir können die vielen Bedingungen für unser Glück, die uns im Hier und Jetzt zur Verfügung stehen, berühren. Wir werden feststellen, dass wir nicht mehr brauchen, denn diese Bedingungen reichen bei weitem aus, um glücklich zu sein. Aber wir müssen im gegenwärtigen Moment verweilen, um sie wahrnehmen zu können. Solange wir weiter rennen, wird es schwierig sein, das Glück zu finden. Innehalten lässt uns die Bedingungen für unser Glück erkennen, die bereits vorhanden sind.

Die beiden Elemente buddhistischer Meditation sind Innehalten und tiefes Schauen. Wir können nur dann tief in die Natur der Dinge blicken, wenn wir präsent sind, wenn wir innehalten. Manchmal brauchen wir nur innezuhalten, um plötzlich eine tiefe Einsicht in die Wirklichkeit zu erlangen.

Wenn die Wellen auf einem See ruhig sind, wenn die Oberfläche des Sees ruhig, ganz ohne Wellen ist, dann spiegelt sich der Mond im See – der See braucht nicht zu rennen, um den Mond zu suchen.

Erlauben wir uns, im gegenwärtigen Moment zu verweilen; genießen wir die erfrischenden und heilenden Elemente um uns herum und in uns. Ob wir nun glauben oder nicht glauben, dass sie vorhanden sind, sie sind da. Wenn wir uns erlauben, diese heilsamen Elemente zu berühren, dann wird der Abfall zu Kompost werden, und die Blumen werden im Garten unseres Herzens wieder erblühen.

Das Glück einholen

Wir haben die Gewohnheit, uns schnell zu bewegen, schnell zu gehen, ständig in Bewegung zu sein. Wenn wir dann in Plum Village ankommen, werden wir gebeten zu verlangsamen. Das fühlt sich für die meisten von uns zunächst unangenehm an. Aber da dort jeder langsam geht, müssen wir ebenfalls langsamer werden. Wir fühlen uns gar nicht glücklich dabei. So kann die Praxis zunächst durchaus zu unserem Leiden beitragen.

Wir sollten langsam gehen, aber so, dass wir glücklich dabei sind, entspannt und ruhig – darum geht es. Wir müssen herausfinden, wie wir langsamer gehen können und dabei nicht leiden, sondern das Gehen genießen. Es bedarf einiger Voraussetzungen – einiger Einsicht, einiger Praxis –, um die Gehmeditation wirklich zu genießen.

Zunächst werden wir mit unserer Gewohnheit, der Gewohnheit, schnell zu gehen, zu laufen, konfrontiert. Diese Gewohnheit ist in unserem täglichen Leben tief verwurzelt. Es mag sein, dass unsere Vorfahren ständig in Hast waren und uns diese Art des Gehens übertragen haben. Es kann sein, dass viele Generationen daran geglaubt haben, dass das Glück etwas ist, das irgendwann in der Zukunft erreicht werden kann. Diese Einstellung, bewusst oder unbewusst, ist sehr stark in uns verwurzelt. Wir denken, dass Glück jetzt und hier unmöglich ist. Deshalb gibt es diese Energie, die uns vorwärts treibt, die uns zwingt, unser ganzes Leben lang zu rennen und nach einer Zeit und einem Ort zu suchen, wo Glück möglich sein wird.

Wir verstehen also, warum wir bisher in dieser Gewohnheit des Rennens gefangen blieben. Daraus wächst die Entschlossenheit, innezuhalten, diese Gewohnheit zu transformieren und so zu gehen, dass wir das Leben ganz tief in jedem Moment berühren können. Wir werden auf diese Weise, mit Hilfe der Praxis, fähig werden, langsamer zu gehen, und wir werden allmählich die Berührung der Erde durch unsere Füße, das Verbinden unserer Schritte mit dem Ein- und Ausatmen genießen. Wir fühlen uns mit der Zeit wunderbar, so zu gehen, und gehen ohne die Absicht, irgendwo anzukommen. Das ist etwas ganz Neues für uns. Wir sollten diese neue Gewohnheit stärken.

Der Buddha erinnert uns immer wieder daran, dass sein Dharma, seine Praxis, angenehm am Anfang, in der Mitte und am Ende ist. Es wäre absurd, einer Übung zu folgen, die uns leiden lässt. Deshalb sollte die Praxis etwas Schönes sein, sie sollte angenehm sein, sie sollte Freude bringen – ganz gleich, ob wir sitzen, gehen, essen oder trinken, ob wir kochen, ob wir putzen. Auch das Kochen und Putzen sollten wir so angehen, dass diese Tätigkeiten uns Frieden und Freude bringen und uns nähren.

Geschirr und Freiheit

Als Novize musste ich das Geschirr von hundert Mönchen abspülen. Ich hatte kein heißes Wasser, keine Seife. Ich musste das Wasser kochen, musste Asche und Kokosnussschale als Seife nehmen. Zusammen mit den anderen Novizen hatte ich eine gute Zeit während des Abspülens, denn wir hatten die Kunst des achtsamen Abspülens gelernt.

Wir sollten das Leben, während wir abspülen, lebenswert machen, sonst werden wir nicht unseren Tee oder Kaffee genießen können, wenn wir uns nach dem Abspülen dazu hinsetzen. Wir werden an alles Mögliche denken. Wir stellen unsere Kaffeetasse ab, holen das Telefonbuch, um eine Nummer nachzuschlagen, telefonieren, und unser Kaffee wird kalt. Sie kennen das. Wir können auf diese Weise niemals glücklich sein. Wir verschieben das Glücklichsein auf später, auf niemals. Das Prinzip ist also: jetzt gleich hier glücklich sein!

Wenn uns jemand fragt: »Ist der wundervollste Augenblick deines Lebens bereits eingetreten?«, werden wir vielleicht verlegen antworten: »Es scheint, als ob dieser wundervollste Augenblick bisher noch nicht stattgefunden hat, aber ich bin ganz sicher, ich werde ihn bald erleben, irgendwann in der Zukunft.« Wir möchten gerne an diesem Glauben festhalten. Wir möchten irgendwann glücklich sein. Es scheint absurd, dass wir unser ganzes Leben lang unglücklich sein sollten. Wir alle glauben so etwas. Wir wissen aber sehr genau, wenn wir weiterhin in Unachtsamkeit leben, so wie wir das die letzten zwanzig, dreißig Jahre getan haben, dann wird sich dieser wunderbare Augenblick auch nicht in den nächsten zwanzig, dreißig Jahren einstellen, wahrscheinlich überhaupt nicht. Die Lehre des Buddha ist da ganz klar: »Wartet nicht, sondern macht den gegenwärtigen Augenblick zu dem wundervollsten Augenblick eures Lebens.« Das ist möglich mit Hilfe der Energie der Achtsamkeit.

Einatmend ist das Geschirrspülen wundervoll, denn ich bin am Leben, meine Augen sind gesund, meine Beine sind stark, ich habe ein Dach über dem Kopf. Es gibt so viele Bedingungen für unser Glück – jetzt.

Es ist möglich, im gegenwärtigen Moment glücklich zu sein, dazu müssen wir innehalten und im gegenwärtigen Moment verweilen. Innehalten, statt immer weiter zu rennen. Innehalten ist die grundlegende Bedingung für unser Glück. Wenn wir darin Stabilität erlangen, wenn wir frei sind, dann können uns die Anhaftungen nichts mehr anhaben, in uns wird keine Angst mehr sein, und wir können jeden Augenblick unseres täglichen Lebens genießen. Diese beiden Energien – Stabilität und Freiheit – sollten wir kultivieren. Unsere Praxis des Atmens, des Gehens, alles, was wir in Achtsamkeit tun, um in den gegenwärtigen Moment zurückzukehren und uns darin zu gründen – all das hilft uns, Stabilität, Festigkeit und Freiheit zu erlangen.

Diese Art von Freiheit ist die Grundlage für unser Glück.

EINE LOTOSBLÜTE WERDEN

Nach einem Retreat fragte mich ein Maler »Wie kann ich den Mond und die Blumen am besten anschauen, damit ich sie in meiner Kunst verwerten kann?«

Ich antwortete: »Wenn Sie so denken, werden Sie nicht in Berührung mit dem Mond und der Blume kommen können. Geben Sie Ihre Vorstellungen auf und seien Sie ganz bei der Blume, ohne jegliche Absicht, auf irgendeine Weise von ihr zu profitieren.« Er erwiderte: »Wenn ich mit einem Freund zusammen bin, möchte ich gerne Nutzen aus dieser Freundschaft ziehen. Ist es mit einer Blume nicht dasselbe?«

Natürlich können wir von einem Freund, einer Freundin profitieren, aber ein Freund ist mehr als nur die Quelle irgendeines Nutzens. Mit ihm oder mit ihr zusammen zu sein sollte uns genug sein. Wir aber wollen für das, was wir tun, meistens etwas be kommen oder einen Nutzen daraus ziehen.

Die Praxis der Achtsamkeit zielt genau auf das Gegenteil. Wir üben, um zu sein. Wenn wir innehalten, fangen wir an zu erkennen, und wenn wir erkennen, dann verstehen wir. Frieden und Glück sind die Früchte, die daraus erwachsen. Um mit einem Freund oder mit einer Blume wirklich zu sein, sollten wir die Kunst des Innehaltens lernen.

Wie können wir Frieden in eine Gesellschaft bringen, die jede Aktivität als Frage von Gewinn und Verlust betrachtet? Wie kann ein Lächeln tiefe Freude zum Ausdruck bringen und nicht nur ein diplomatisches Manöver darstellen?

Wenn wir uns selbst zulächeln, dann ist dieses Lächeln alles andere als ein diplomatischer Schachzug. Uns selbst zulächeln zu können ist der Beweis, dass wir in Frieden mit uns sind. Wir sollten so leben, dass jeder Moment unseres Lebens ein Kunstwerk ist und dass wir schwanger gehen mit Frieden und Freude – für uns selbst und auch für andere.

Dazu müssen wir zu uns selbst zurückkehren und Frieden schließen mit unserem Ärger, unserer Angst, unserer Eifersucht, unserem Misstrauen. Wenn wir dies tun, dann können wir wirklichen Frieden und wahre Freude verwirklichen.

In bestimmten Bereichen ist Technik wichtig, und es kann unser Bemühen unterstützen, wenn wir sie beherrschen, aber das ist nicht genug. Ein junger Mann in Vietnam wollte lernen, Lotosblumen zu zeichnen, und ging deshalb zu einem Meister. Der Meister nahm ihn mit zu einem Lotosteich und lud ihn ein, sich hinzusetzen. Als die Sonne ganz hoch stand, sah der junge Mann eine Blüte aufblühen, und er beobachtete, wie sie sich wieder schloss, als die Nacht kam. Am nächsten Morgen übte er sich auf die gleiche Weise im Schauen. Als eine Blüte verwelkte, fielen ihre Blätter ins Wasser, er sah sich den Rest der Blume an und wandte sich dann einer anderen Lotosblüte zu.

Nachdem er zehn Tage lang so geübt hatte, kehrte er zum Meister zurück. Dieser fragte ihn: »Bist du bereit?«, und er antwortete: »Ich will es versuchen.« Der Meister gab ihm daraufhin einen Pinsel, und der

Lotos, den er dann zeichnete, war sehr schön. Der junge Mann war selbst zu einer Lotosblüte geworden, und die Zeichnung entsprang seinem Sein. Man konnte seine noch geringen technischen Fertigkeiten wohl erkennen, aber es lag wahre Schönheit in dem Bild.

DIE GESUNDHEIT DER WELT

Während der Sitzmeditation oder während der Arbeitszeit tauchen vielleicht vielfältige Ideen und Gedanken, auch negative, auf. Erlauben Sie es ihnen aufzutauchen; Sie können sie folgendermaßen wahrnehmen: »Dies ist ein Gedanke, und dieser Gedanke ist nur ein Gedanke, er ist nicht die Wirklichkeit. «Wenn Sie fähig dazu sind, Ihre Gedanken einfach nur wahrzunehmen, werden Sie nicht mehr zum Opfer Ihrer Gedanken.

Ein Gedanke steigt nicht einfach aus dem Nichts auf; es gibt einen Bereich, aus dem er erwachsen kann. In unserem Geist gibt es Ängste, Ärger, Sorgen, Missverständnisse, und unser Gedanke mag aus diesen Bereichen aufsteigen. Wenn Sie einen Gedanken wahrnehmen, können Sie ihm zulächeln und sich die Frage stellen, auf welchem Boden dieser Gedanke gewachsen sein könnte. Sie lächeln Ihrem Gedanken zu und wissen, dass Ihr Gedanke zum Beispiel aus dem Bereich falscher Wahrnehmungen, Angst, Eifersucht aufgestiegen ist.

In unserem Geist gibt es auch einen großen Bereich, in dem Mitgefühl und Verstehen wohnen. Wenn Sie diesen Bereich berühren können, dann werden wunderschöne, positive Gedanken folgen. Wenn Sie fähig sind, einen Gedanken hervorzubringen, der in Richtung Verstehen und Liebe geht, dann wird dieser Gedanke eine sofortige positive Wirkung auf Ihre Gesundheit haben, physisch und psychisch. Und gleichzeitig wird er einen Einfluss auf die Gesundheit der Welt haben.

Wenn Sie negative Gedanken hervorbringen, die aus Ihren Ängsten, Ihrem Ärger, Ihrem Pessimismus resultieren, wie »ich bin nichts wert«, »ich kann überhaupt nichts richtig tun«, »mein Leben ist ein Fehlschlag«, so werden solche Gedanken eine negative Wirkung auf Ihre Gesundheit haben, mental und physisch.

Die Praxis, die uns der Buddha anbietet, ist nicht, diese Art von Gedanken zu unterdrücken, sondern, uns ihrer bewusst zu werden: »Ich erlaube mir, diesen Gedanken wahrzunehmen.« Wenn Sie fähig sind,

Innehalten
lässt uns
die Bedingungen
für unser Glück
erkennen,
die bereits
vorhanden sind.

diesen Gedanken einfach nur wahrzunehmen, können Sie einen Zustand der Freiheit erreichen, denn Sie sind dann nicht mehr Opfer dieses Gedankens. So kultivieren Sie Ihre Freiheit.

EIN GEDANKE IST EIN GEDANKE, SONST NICHTS

Wir denken ständig, und viele unserer Gedanken sind nicht sehr positiv, sie machen uns zum Opfer negativen Denkens. Wenn Sie sagen: »Ich bin zu nichts gut«, dann ist das ein Gedanke, der das Potential hat, Sie leiden zu lassen. »Ich kann das nie zu Ende bringen«, »ich kann nicht meditieren«, »ich kann nicht verzeihen«, »ich bin verzweifelt«, »ich werde das nie zustande bringen« oder »er will mich vernichten«, »niemand liebt mich« – diese Art des Denkens ist nicht die Art des Denkens, die der Buddha das »Rechte Denken« nannte; es entspricht nicht der Realität. Wir tragen in uns die Fähigkeit zu verstehen, zu lieben. Weil wir aber nicht fähig sind, es nicht gewohnt sind, die Samen des Verstehens und des Mitgefühls zu berühren, können wir keine wundervollen Gedanken produzieren, die auf rechtem Denken beruhen.

»Mein Freund muss etwas über mich zu meinem Lehrer gesagt haben, deshalb hat er mich heute nicht angesehen.« So denken Sie – und Ihr Denken mag völlig verkehrt sein. Sie müssen sich unbedingt bewusst sein, dass Ihr Gedanke nur ein Gedanke ist. Er ist nicht die Realität. Wenn Sie aber denken, »mein Lehrer missversteht mich, aber ich kann ihm dabei helfen, mich besser zu verstehen, ich werde ihm helfen, mich zu verstehen« – dann ist das ein positiver Gedanke, und Sie sind dann nicht mehr Opfer. Sie werden Ihren negativen Gedanken kein neues Leben einhauchen.

DER BAUM IM STURM

Wie können wir starke Gefühle bewältigen, mit unseren eigenen Emotionen umgehen und auch anderen dabei helfen?

Wenn wir während eines Sturms einen großen Baum betrachten, sehen wir, wie seine Äste vor- und zurückschwingen, und manchmal sieht so aus, als könnte der ganze Baum entwurzelt werden.

Wenn starke Gefühle in uns aufsteigen, dann sind unser Friede, unser Wohlbefinden, unsere Freiheit genau so einem Sturm ausgesetzt. Auch wir können in einem solchen Sturm entwurzelt werden, denn wir sind äußerst zerbrechliche und verletzliche Wesen. Deshalb sollten wir uns auf solche Stürme gut vorbereiten und nicht warten, bis die starken Winde in Form heftiger Gefühle da sind. Dann wird es zu spät sein, den Umgang mit ihnen zu lernen. Wir müssen sofort beginnen.

Wenn wir einmal starke Gefühle überstanden haben, dann wird unser Vertrauen in die Praxis wachsen, und wir werden nicht mehr so ängstlich sein. Denn sollte der Sturm dann einsetzen, werden wir wissen, wie wir uns schützen können.

Die tägliche Praxis des achtsamen Atmens, achtsamen Gehens ist sehr wichtig. Während wir uns durch diese Praxis nähren, können wir lernen, wie wir unsere Gefühle und Emotionen wahrnehmen.

Ein Gefühl oder eine Emotion ist eine Energiezone, die sich aus der Tiefe unseres Speicherbewusstseins manifestiert.

Wenn wir nicht wissen, wie wir mit dieser machtvollen Energie umgehen sollen, werden wir zu ihrem Opfer. Sie wird uns dazu antreiben, Dinge zu sagen oder zu tun, die sehr destruktiv sein können.

Das Erste, was wir uns klar machen müssen, ist, dass unsere Gefühle nur ein Teil von uns sind. Sie sind nicht alles. Ein Gefühl ist nur ein Gefühl. Wir sind aber mehr als unsere Gefühle. Daran sollten wir uns erinnern, besonders in Zeiten, in denen starke Emotionen aufkommen. Wir können uns das vielleicht auf einem Zettel notieren: »Liebes Gefühl, du bist nur ein Teil von mir.« Wir kleben den Zettel dann an den Spiegel im Badezimmer oder legen ihn in unseren Geldbeutel, und wenn eine starke Emotion aufkommt, kann uns dies erinnern.

Wir sind mehr als unser Gefühl, warum sollten wir denken, dass wir nur dieses Gefühl sind? Warum sollten wir uns umbringen wegen eines Gefühls? Ein Gefühl ist etwas, das sich manifestiert, das kommt, eine Weile bleibt, und schließlich wird es wieder verschwinden. Es ist wie bei einem Sturm. Jedes Gefühl ist unbeständig. Dies zu erfahren ist der Same der Weisheit, einer Weisheit, die wir in uns tragen. Wir müssen dieses Wissen ans Licht holen, damit es uns leiten kann: »Liebes Gefühl, du bist unbeständig. Ich weiß, wie ich mich um dich kümmern kann.« Das ist die Haltung eines Praktizierenden.

Wir können noch andere Elemente mobilisieren, um uns um das Gefühl kümmern zu können. Wichtig ist, dass wir uns dieser Weisheit in uns bedienen. Wir sollten uns auch gegenseitig darin unterstützen, wenn wir Schwierigkeiten mit unseren Gefühlen haben. Wir erinnern uns an die Wahrheit der Unbeständigkeit der Gefühle.

Das Baby »Gefühl«

Wenn wir mit der Praxis des achtsamen Gehens, achtsamen Atmens vertraut sind, werden wir ganz natürlich die Energie der Achtsamkeit erzeugen, damit sie sich um unsere starken Gefühle kümmert. Natürlich werden wir leiden, während dieses Gefühl uns besetzt hält, aber da ist noch etwas anderes, das dieses Gefühl begleitet, und das ist die Energie der Achtsamkeit, das ist die Weisheit, die sich um die Emotion kümmert. Wenn Ihr Baby leidet und deshalb weint, dann wird es sich geborgen fühlen, wenn Sie da sind und sich um Ihr Baby kümmern. Das Leid ist immer noch vorhanden, aber da ist die Mutter, die sich darum kümmert. Unsere Achtsamkeit ist die Mutter, die sich um unser Baby »Gefühl« kümmert. Wir müssen präsent sein für unsere Gefühle. Wenn wir es nicht sind, wer sollte es dann sein? Und wenn wir nicht präsent sind, dann wird uns diese Emotion, dieses Gefühl, überwältigen. »Liebes Gefühl, ich bin für dich da. Ich weiß, wie ich mich um dich kümmern kann, mach dir keine Sorgen.«

Mit der Praxis des achtsamen Atmens nehmen wir unser Gefühl wahr, wir wissen, dass wir leiden, wir wissen, dass das Gefühl unbeständig ist. Wir sollten uns nicht sorgen. Tatsächlich hatten wir ja schon früher starke Emotionen, wir haben sie überlebt, selbst wenn wir sehr gelitten haben. Sich daran zu erinnern kann sehr hilfreich sein. Es ist auch eine Möglichkeit zu wachsen. Wir haben die Übung, wir wissen, wie wir damit umgehen können.

Während der Zeit emotionaler Stürme, sollten wir nicht im Kopf bleiben. Denken, Vorstellungen sind nicht sehr hilfreich bei heftigen Gefühlen. Das Denken beruhigen, damit aufhören, sich etwas vorzustellen, ist wichtig. Wir bleiben ganz beim Atem und können Bauchatmung üben. Wir legen dabei unsere Hand auf unseren Bauch und spüren das Heben und Senken unserer Bauchdecke beim Atmen. Lassen wir unsere Aufmerksamkeit zu hundert Prozent beim Heben und Senken unserer Bauchdecke. Die Einatmung ist sehr tief, die Ausatmung ist sehr tief. Setzen wir all unsere Kraft ein, um dabei zu bleiben, uns nicht ablenken zu lassen, denn die Atmung ist unsere Rettung. Nach einiger Zeit wird der Sturm sich auflösen. Er dauert vielleicht fünfzehn Minuten, vielleicht auch nur drei Minuten. Während der ganzen Zeit bleiben wir konzentriert bei unserer Bauchatmung.

Wenn wir in der Lotos- oder Halblotos-Position sitzen, dann ist unser Körper stabil. Es ist die schönste und stabilste Position des menschlichen Körpers. Wir bringen unsere Aufmerksamkeit auf die Höhe des Nabels. Wir denken nicht; wir richten unsere Aufmerksamkeit auf den Atem. Das ist alles, was wir tun. Wir werden dadurch stark, wir stabilisieren uns, und wir können unserem Gefühl zulächeln. Unser Gefühl ist kein Feind, es ist unser Baby, um das wir uns kümmern sollten.

Wenn wir so atmen und das jeden Tag wenigstens ein paar Minuten üben, dann wird es nach ein paar Wochen zur Gewohnheit. Wenn dann ein Sturm aufkommt, erinnern wir uns ganz natürlich an unseren Atem, wir gehen zum Atem zurück und praktizieren. Und natürlich werden wir unser Gefühl überleben.

Alte Gewohnheiten transformieren

Wir wissen, wie stark, wie mächtig Gewohnheitsenergien sind. Wir stellen fest, dass es Zeiten gibt, in denen wir nicht mehr wir selbst sind. Wir fühlen uns von unseren Gewohnheitsenergien fortgerissen. Wir wollten etwas gar nicht sagen; wir wussten, dass diese Worte Schaden anrichten würden, aber schließlich haben wir es doch gesagt. Wir wussten eigentlich, dass wir es besser lassen sollten. Und doch haben wir es getan. Wir sagen dann: »Es war einfach stärker.« Was war stärker? Die Gewohnheitsenergie. Wir fühlten uns hilflos, machtlos und sehr schwach, weil wir nicht damit umgehen konnten. Unsere Gewohnheitsenergien sind sehr stark.

Nachdem wir uns dazu hinreißen ließen, etwas zu sagen, was wir nicht sagen wollten, tut es uns Leid, wir bedauern es, wir verurteilen uns. Manchmal geloben wir ganz fest, uns das nächste Mal nicht so davon fortreißen zu lassen. Wir werden so etwas nicht wieder sagen. Aber auch das nächste Mal tun wir es wieder, sagen wir es wieder. Die Gewohnheitsenergien sind sehr, sehr machtvoll. Wir sollten deshalb lernen, mit diesen Gewohnheitsenergien gut umzugehen, um sie zu verwandeln.

Der Buddha hat uns nicht vorgeschlagen, gegen diese Gewohnheitsenergien zu kämpfen. Er gab uns die Praxis, wahrzunehmen und zu erkennen, an die Hand. Wenn wir dies in unserem täglichen Leben beherzigen, kann es eine weitere Gewohnheitsenergie, eine gute Gewohnheit werden. Wir können alles, was in uns geschieht, wahrnehmen, selbst die Gewohnheitsenergien, von denen wir annehmen, dass sie stärker sind als wir selbst. Es muss nicht unbedingt sein, dass wir diese in unserem Leben erworben haben, es können auch Gewohnheitsenergien sein, die uns von vielen Generationen unserer Vorfahren übertragen wurden. Wir haben sie von ihnen erhalten. Wir brauchen nur festzustellen, dass sie da sind, und versuchen, sie zu transformieren – für uns, für unsere Eltern und für unsere Vorfahren.

Wir können unsere Gewohnheitsenergien erkennen, weil wir die Energie der Achtsamkeit haben. Sie ist eine Energie in uns, die uns für den Akt des Wahrnehmens zur Verfügung steht. Achtsamkeit ist die Energie, die wahrnehmen kann, was gerade im gegenwärtigen Moment geschieht. Wenn wir etwas trinken, dann wissen wir, dass wir gerade trinken. Wenn wir einatmen und wissen, dass wir einatmen, dann ist die Energie der Achtsamkeit präsent. Wir nennen dies Achtsamkeit auf den Atem. Wenn wir gehen und wissen, dass wir gehen, dann ist Acht-

Freiheit

ist die

Grundlage

für unser

Glück.

samkeit präsent. Wir nennen dies Achtsamkeit auf das Gehen. Wenn wir essen und wissen, dass wir essen, dass wir kauen, dann ist Achtsamkeit präsent. Wir nennen dies Achtsamkeit auf das Essen.

Neue Gewohnheiten kultivieren

In uns gibt es viele Arten von Energien: positive Energien, die wir kultivieren, und negative Energien, die wir umwandeln sollten. Wir haben gute Gewohnheiten, und wir haben schlechte Gewohnheiten. Die buddhistische Praxis besteht darin, unsere Gewohnheiten als Energien wahrzunehmen, sie zu transformieren oder sie zu nähren. Wenn wir mit der Übung vertraut sind, dann braucht uns niemand beim Klang der Glocke oder Läuten des Telefons daran zu erinnern innezuhalten. Wir genießen unser Ein- und Ausatmen. Dies ist eine gute Gewohnheit. Jedes Mal, wenn wir die Glocke hören, wenn wir den Weckton einer Uhr hören oder das Läuten des Telefons, kehren wir ganz natürlich zu unserem Atem zurück, genießen unser Einatmen, unser Ausatmen und lächeln. Wir strengen uns nicht an, denn es ist uns inzwischen zur Gewohnheit geworden. Wir haben gelernt, so zu üben, dass jeder Moment zur Freude wird.

Die Praxis beinhaltet, die Energien unserer negativen Gewohnheiten wahrzunehmen und ihnen zuzulächeln. Gleichzeitig kultivieren wir die neuen Gewohnheiten, die guten Gewohnheiten, bis sie Energie entwickeln. Wenn wir diese neue Energie spüren, dann brauchen wir uns gar nicht mehr anzustrengen, wir genießen es dann nur, dem Klang der Glocke zu lauschen, wir genießen es, langsame Schritte zu machen, wir mögen es einfach, wir fühlen uns wohl dabei, es macht uns Freude. Mit einem Mal wird die Praxis dann freudvoll sein, angenehm und sehr nährend.

Wenn wir
innehalten,
fangen wir an
zu erkennen,
und wenn wir
erkennen, dann
verstehen wir.

PRÄSENT SEIN, ZU HAUSE SEIN

Froschlosigkeit

Die erste Frucht der Praxis
ist das Erlangen der Froschlosigkeit.

Wenn man eine Froschdame
mitten auf einen Teller setzt,
so springt sie
nach wenigen Sekunden wieder herunter.

Setzt du die Froschdame erneut
mitten auf den Teller,
springt sie wieder fort.

Du hast so viele Pläne.
Da gibt es etwas, was du unbedingt werden willst.
Deshalb willst du immer einen Sprung machen,
einen Sprung vorwärts.

Es ist schwierig,
den Frosch in der Mitte des Tellers festzuhalten.
Du und ich,
wir haben beide Buddhanatur in uns.
Das macht Mut, aber du und ich,
wir haben auch beide Froschnatur in uns.

Deshalb heißt das erste Ziel der Praxis –
Froschlosigkeit.

Die Insel der Achtsamkeit

Bevor der Buddha starb, lehrte er seine Schüler, Zuflucht zu der Insel der Achtsamkeit in sich selbst zu nehmen, indem sie Achtsamkeit beim Sitzen, Gehen, Atmen und jeder anderen Aktivität des täglichen Lebens übten.

Achtsamkeit heißt, sich bewusst zu sein, was im gegenwärtigen Augenblick geschieht. Wenn wir einen friedvollen, glück lichen Schritt machen und wissen, dass wir einen friedvollen, glücklichen Schritt machen, dann ist Achtsamkeit vorhanden. Wenn wir achtsam ein- und ausatmen, sehen wir die vielen Elemente des Glücks, die uns bereits zur Verfügung stehen.

Achtsamkeit ist Erleuchtung, Verstehen, Mitgefühl, Befreiung und Heilung. Wenn wir alles mit Achtsamkeit berühren, wird sich uns die Welt in ihrer ganzen Herrlichkeit offenbaren. Achtsamkeit lässt unsere Augen, unser Herz, unseren Nicht-Zahnschmerz, den Mond und die Bäume tief und wunderschön aufleuchten. Wenn wir unser Leiden mit Achtsamkeit umarmen, fangen wir an, es zu verändern. Wenn unser Leiden von Achtsamkeit gehalten wird, verliert es an Stärke.

Wir tragen

in uns

die Fähigkeit

zu verstehen,

zu lieben.

Für uns selbst da sein

Wenn wir auf unserem Kissen sitzen, üben wir, ein- und auszuatmen, um ganz da zu sein, nur da zu sein. Denn unsere achtsame Präsenz ist das Mittel, unserem Leiden, unserem Schmerz mit Liebe und Fürsorge zu begegnen. Wir sind zu oft nicht wirklich da gewesen für uns selbst. Wir sind umhergehetzt und haben uns vernachlässigt. Geliebt zu werden heißt, umarmt zu werden von der Aufmerksamkeit, der Energie des Menschen, den wir lieben. Wenn ein verwundetes Tier innehält und sich hinlegt, so tut es das für sich selbst. Es gewährt sich Zeit, um auszuruhen und zu heilen – es ist da für sich. Auch wir müssen für uns da sein. Wir sind verwundet, vielleicht sogar tief verletzt in unserem Körper und unserem Geist. Wer wird uns zur Seite stehen, für uns da sein? Wir selbst müssen für uns da sein. Auch der Buddha wird für uns da sein, denn der Buddha ist in uns präsent.

Fähig zu sein, im gegenwärtigen Moment zu verweilen, zu wissen, was in diesem Moment geschieht, und all das zu berühren – das ist die Praxis. Sie bedarf keiner großen Anstrengung, sie bedarf eigentlich keinerlei Anstrengung. Wir erlauben uns, einfach zu sein. Wir neigen zu der Meinung, dass Glück, Gesundheit und Erfolg Dinge sind, für die wir uns anstrengen, denen wir hinterherrennen müsten, um sie zu bekommen. Deswegen haben wir den gegenwärtigen Moment geopfert. Wir sehen den gegenwärtigen Moment als Mittel, Dinge in der Zukunft zu erreichen. Wir sollten diese Vorstellung aufgeben.

Unsere Augen, unser Herz

Einatmend bin ich mir meiner Augen bewusst.
Ausatmend lächle ich meinen Augen zu.

Bringen wir die Energie der Achtsamkeit hervor und umarmen wir damit unsere Augen. Lächeln wir ihnen zu. Augen zu haben, die noch in guter Verfassung sind, ist ein wundervolles Element für unser Glück. Wir brauchen nur unsere Augen zu öffnen, und wir können ein Paradies an Farben und Formen sehen. Bitte lasst uns dieses Paradies genießen. Lasst uns versuchen, uns nicht von unseren Sorgen, unseren Leiden, unserer Angst überwältigen zu lassen.

Einatmend bin ich mir meines Herzens bewusst.
Ausatmend lächle ich meinem Herzen zu.

Wenn wir die Energie der Achtsamkeit dazu nutzen, unser Herz zu umarmen, so können wir erkennen, dass ein Herz zu haben, das gut funktioniert, ein weiterer Faktor für unser Glück ist. Aber wir haben unser Herz lange Zeit vernachlässigt durch die Art und Weise, wie wir gegessen, gearbeitet und unsere Ängste bewältigt haben. Lasst uns unser Herz mit Zärtlichkeit, Liebe und Mitgefühl umarmen, lächeln wir ihm zu. Wir sollten mit unserem ganzen Körper praktizieren. Wenn irgendein Teil unseres Körpers sich nicht wohl fühlt, können wir ihn mit unserer Achtsamkeit und Zärtlichkeit halten. Dies ist eine wundervolle Übung. Achtsames Atmen ist die Tür zur Versöhnung mit und Achtung für uns selbst.

Unser Atem

Einatmend weiß ich, dass ich einatme.
Ausatmend weiß ich, dass ich ausatme.

Das Objekt unserer Achtsamkeit ist unser Ein- und Ausatmen. Wir identifizieren unser Einatmen als Einatmen und unser Ausatmen als Ausatmen. Wir können sagen »ein« und »aus«, während wir ein- und ausatmen. Diese Worte sind keine Konzepte, sie sind Instrumente, die uns helfen, unsere Achtsamkeit zu halten. Wir beobachten die Wirklichkeit unserer Einatmung während ihrer ganzen Dauer. Wir bleiben in dieser Zeit ganz mit unserem Atem zusammen.

Wir müssen keine zusätzliche Anstrengung unternehmen, um in unserem Denken innezuhalten. Wenn wir uns hundertprozentig auf unser Einatmen konzentrieren, dann wird sich das Denken von ganz alleine beruhigen. Wir genießen einfach unser Atmen. Wenn die Praxis angenehm ist, wird Konzentration ganz einfach, und tiefe Einsicht wird möglich. Achtsamkeit, Konzentration und Einsicht gehen immer Hand in Hand. Die Atmung geschieht ganz von selbst. Entzünden wir lediglich das Licht der Achtsamkeit dafür und beleuchten wir damit unseren Atem. Wir modifizieren unseren Atem nicht, wir lenken ihn nicht oder geben ihm die Form, von der wir glauben, dass sie die richtige oder dass sie erwünscht sei. Wenn unser Einatmen kurz ist, lassen wir es kurz sein. Wenn unser Ausatmen lang ist, dann lassen wir es lang sein. Nach einigen Minuten der Praxis werden wir eine Verbesserung in der Qualität des Atmens wahrnehmen, und ein Gefühl des Wohlbefindens wird sich einstellen.

Ein Wunder von Wundern umgeben

Unsere Praxis ist es, im gegenwärtigen Moment Zuflucht zu nehmen, denn der gegenwärtige Moment ist immer verfügbar. Der gegenwärtige Moment ist voller Leben, voller Wunder. Wir müssen nicht erst in die Zukunft rennen, um dies zu erreichen. Wir sind bereits ein Wunder, das von anderen Wundern umgeben ist. Wunder, die wir erfahren können, wenn wir wissen, wie wir innehalten und ganz präsent sein können.

Wie können wir ganz in den gegenwärtigen Moment gelangen? Eine Möglichkeit ist, Zuflucht zu unserem Atem zu nehmen. Manche mögen sagen, dass unser Einatem eine sehr kurze Lebensdauer hat, vielleicht nur zwei, drei Sekunden lang anhält. Warum sollten wir Zuflucht zu einer so flüchtigen Sache nehmen?

Wenn wir darüber sprechen, zu etwas Zuflucht nehmen zu wollen, dann denken wir an etwas sehr Stabiles und Dauerhaftes, damit wir Frieden und Sicherheit für lange Zeit bewahren können. Wenn wir wählen könnten zwischen einem kurzlebigen und einem langlebigen Objekt unserer Zufluchtnahme, würden wir uns wohl für die langlebigere Variante entscheiden. Die Frage ist jedoch, wer sind wir, die wir Zuflucht nehmen wollen? Sind wir etwas, das sehr langlebig ist? Oder dauern wir gerade mal eine Sekunde?

Wir neigen zu der Ansicht, dass wir etwas sind, das länger andauert als unser Einatem, aber das stimmt nicht. Der Buddha fragte einmal seine Schüler, wie lange ein menschliches Leben dauere. Eine Person sagte, hundert Jahre; eine andere sagte: fünfzig Jahre; wieder eine andere meinte: eine Nacht und einen Tag. Dann sagte jemand: »Es dauert einen Einatem lang.« Der Buddha wandte sich dieser Person zu und sagte: »Ja, du hast die Wirklichkeit des menschlichen Lebens gesehen – es dauert nur einen Einatem lang.« Und es kann sogar noch kürzer sein, denn während wir einatmen, werden wir schon zu einer anderen Person. Das Ich, das vor dem Einatmen da war, ist nicht mehr das gleiche Ich, nachdem wir eingeatmet haben. Wir glauben aber, dass wir viel länger andauern, und so versuchen wir, Zuflucht zu etwas zu nehmen, das noch länger dauert, möglichst soll es ewig sein.

Wenn wir wissen, dass derjenige, der Zuflucht nimmt, und das, zu dem wir Zuflucht nehmen, eins sind, können wir verstehen, warum wir über »Zufluchtnehmen zu einem Atemzug « sprechen können. Das ist etwas sehr Konkretes. Wenn wir einatmen, können wir mit unserem Einatem sein, und dabei werden wir ganz lebendig.

Wenn wir Zuflucht zu unserem Einatem nehmen, dann sind wir wir selbst. Wir sind sicher, wir sind stabil. Wir sind ganz präsent im Hier und Jetzt. Wir sind uns bewusst, dass wir ein Wunder des Lebens sind und dass wir die vielen anderen Wunder des Lebens, die uns umgeben, berühren können. Einfach dasitzen und unseren Einatem genießen – so werden wir zu allem, so werden wir unsterblich.

DIE BLUME UND DER BERG

Einatmend sehe ich mich als Blume.

Wir atmen so ein, dass wir wirklich eine Blume werden. Entspannen wir uns, lächeln wir mit unseren Augen, mit unserem Mund, mit unseren Ohren, mit unserem ganzen Körper. Tatsächlich sind wir alle Blumen. Wenn wir nicht so recht wie eine Blume aussehen, dann liegt das daran, dass wir uns nicht genügend um uns selbst gekümmert haben. Wir haben es Kummer und Sorgen erlaubt, uns zu beherrschen und zu zerstören. Wir müssen unser Blumesein wieder herstellen. »Einatmend sehe ich mich als Blume, ausatmend fühle ich mich frisch.« Eine Blume scheint gar nichts zu tun, aber ohne Blumen wäre das Leben sehr trist. Wir brauchen auch nichts weiter zu tun, als Blume zu sein. Wenn wir das sein können, dann dienen wir der Welt.

Einatmend sehe ich mich als Berg.

Ein stabiler Mensch kann andere Menschen inspirieren und glücklich machen. Das Bild eines Berges kann uns bei der Praxis helfen. Wenn wir eine stabile Position für unseren Körper finden, wenn wir gerade sitzen können, wenn wir unseren Atem genießen können und ein Meister unserer selbst werden, dann kann uns nichts provozieren, keine Sorgen oder Vorstellungen, gleich welcher Art, können uns erschüttern. Wir bleiben fest wie ein Berg.

Einatmend sehe ich mich als Berg. Ausatmend fühle ich mich fest. Fest wie ein Berg, das ist unsere Praxis.

Stilles Wasser

Einatmend sehe ich mich als stilles Wasser.
Ausatmend spiegele ich die Dinge so, wie sie wirklich sind.

Manchmal können wir Wasser betrachten, das so ruhig und glatt ist, dass wir den blauen Himmel darin sehen können. Die weißen Wolken, die Bäume sind darin gespiegelt, sie sehen genauso aus wie auf der Wasseroberfläche. Wenn wir eine Kamera hätten und eine Aufnahme von der Wasseroberfläche machten, dann würden die Leute glauben, wir hätten tatsächlich die Bäume, den Himmel und die Wolken fotografiert, denn die Wiedergabe der spiegelnden Wasseroberfläche ist sehr wirklichkeitsgetreu. Wenn unser Geist ruhig ist, so still wie das Wasser, dann kann er alles spiegeln, was ist. Wir verzerren nichts. Wir haben keine falschen Wahrnehmungen, die uns ärgerlich machen und leiden lassen.

Der Buddha sagte, dass falsche Wahrnehmungen der Grund für alles Leiden sind. Der andere will uns gar nicht vernichten, aber wir glauben, dass es seine Absicht ist, uns zu strafen. Wenn wir einen Strick in der Dämmerung sehen, halten wir ihn möglicherweise für eine Schlange und ängstigen uns. Aber er ist keine Schlange. Das nennen wir eine falsche Wahrnehmung. Falsche Wahrnehmungen lassen uns leiden, deshalb sollten wir lernen, die Dinge so zu sehen, wie sie sind, und sie nicht verzerren. Es ist von daher sehr wichtig, ruhig zu werden wie stilles Wasser, denn stilles Wasser kann die Dinge so spiegeln, wie sie sind. Einatmend sehe ich mich als stilles Wasser. Ausatmend spiegele ich die Dinge so, wie sie wirklich sind.

Weiter Raum

Einatmend sehe ich mich als weiten Raum.
Ausatmend fühle ich mich frei.

Menschen, die sehr viel Raum in und um sich spüren, leiden nicht. Es ist wie beim Mond. Wenn wir den Mond ansehen, der durch den leeren Himmel reist, erkennen wir, dass er ganz viel Raum um sich hat; er ist heiter und glücklich. Aber wir haben manchmal keinen Raum in uns. Wir sind voller Sorgen, Ärger, Ängste, voller Projekte, Wünsche und so weiter. Wir erlauben uns nicht, Raum in uns zu haben, und um uns herum ist eigentlich auch keiner. Wir haben nicht das Gefühl, dass um uns herum weiter Raum ist, in dem wir uns bewegen könnten. Was ist das für ein Leben, das wir da führen? Wir haben das Gefühl, dass wir keine Zeit haben. Wenn wir

Selbst
im tiefsten
Winter wissen wir,
dass die Sonne uns
nicht verlassen
hat.

jemanden lieben, dann lieben wir so, dass wir keine Zeit und keinen Raum mehr haben, und wir nehmen auch der Person, die wir lieben, Zeit und Raum. Die Liebe wird so zu einem Gefängnis für uns und für den anderen Menschen. Das ist keine wahre Liebe. Wenn wir jemanden lieben und dieser Mensch kann sich nicht mehr frei bewegen, dann ist das nicht Liebe. Jemandem Raum zu geben ist ein sehr großes Geschenk. Wir sollten dem anderen Raum geben, wenn wir wollen, dass er wirklich glücklich ist. Wir geben ihm Raum, innen und außen. Wir sollten lernen, wie wir mehr Raum in uns selbst schaffen, und die Dinge so arrangieren, dass wir auch ausreichend Raum um uns haben. Das ist grundlegend für unser Glück. Einatmend sehe ich mich als Raum. Ausatmend fühle ich mich frei.

Schritte

Wir gehen ständig: gehen von unserer Küche ins Wohnzimmer, von zu Hause ins Büro, vom Büro zum Supermarkt. Warum genießen wir dann nicht einfach dieses Gehen?

Wenn wir abgelenkt sind, sind wir nicht wir selbst, wir sind Opfer. Wir können das aber ändern, indem wir Zuflucht zu unseren Schritten nehmen, gleich hier, gleich jetzt. Es ist wundervoll, unseren Einatem mit einem, zwei oder drei Schritten zu verbinden. In diesem Augenblick sind wir wirklich wir selbst. Wir haben unsere Souveränität, wir sind nicht mehr länger Opfer. Wir werden nicht mehr von den Wellen von Geburt und Tod davongetragen. Wir ertrinken nicht mehr im Ozean des Leidens.

Buddhisten sagen gerne: Nimm Zuflucht zum Buddha, zum Dharma und zur Sangha. Ich würde lieber sagen: Nimm Zuflucht zu deinem Ein- und Ausatmen, nimm Zuflucht zu deinen Schritten. Der Buddha ist vielleicht eine abstrakte Idee; unser Atem, unsere Schritte sind konkrete Wirklichkeit. Unseren Atem brauchen wir nicht zu suchen; er ist da, wo wir sind. Wir müssen nicht nach unseren Schritten suchen, sie sind in unseren Füßen. Deshalb ist die Zufluchtnahme zu unserem Atem, zu unseren Schritten sehr konkret.

Wir üben so, dass das Leben wirklich wird in jedem Moment unseres Tages. Wenn wir Zuflucht zu unserem Einatmen nehmen, werden wir ganz wir selbst. Nehmen wir Zuflucht zu unseren Schritten, werden wir sofort Stabilität und Freiheit erlangen, wir werden die Fähigkeit haben, mit den Wundern des Lebens in Kontakt zu treten.

PRÄSENT SEIN FÜR EINE BLUME

Ich übe das Präsentsein nicht nur mit Menschen, sondern auch mit dem Mond, dem Morgenstern, den Magnolienblüten. In Korea war ich einmal in einem Priesterseminar untergebracht, und mein kleines Haus war von Magnolienbäumen umgeben; es war Frühling. Die Magnolienblüten waren sehr schön, sie waren weiß wie Schnee. Ich übte Gehmeditation unter diesen Magnolienblüten. Ich fühlte mich sehr glücklich. Ich blieb hin und wieder stehen und sah mir jede einzelne Blüte ganz genau an. Ich lächelte, atmete ein und aus und sagte: »Liebling, ich weiß, dass du da bist, und ich bin sehr glücklich«, und ich verbeugte mich vor der Blume. Ich war sehr glücklich und dachte, dass die Magnolienblüte ebenso glücklich war, denn wenn Menschen unser Da-Sein wahrnehmen und sich darüber freuen, haben wir das Gefühl, etwas wert zu sein. Und für mich waren die Magnolienblüten etwas sehr, sehr Kostbares.

Einmal betrachtete ich den Vollmond mit Achtsamkeit, ich übte Ein- und Ausatmen und sprach: »Voller Mond, wunderschöner Vollmond, ich weiß, dass du da bist, und ich bin sehr glücklich.« Ich war wirklich glücklich in diesem Moment. Ich fühlte mich frei, war nicht in Sorgen, Ängsten oder irgendwelchen Projekten gefangen. Weil ich frei war, war ich ganz ich selbst. Ich hatte Zeit und die Möglichkeit, mit den Wundern des Lebens um mich herum in Kontakt zu treten. Deshalb konnte ich den Vollmond berühren, und ich übte, ganz mit dem Vollmond zu sein. Wir alle können das: mit einer Person, einem Baum, einem Schmetterling und so weiter.

Lauschen wir auch den Dingen, so zum Beispiel dem Klang des Regens. Für mich hören sich Regentropfen, die auf das Dach prasseln, wunderschön an. Wenn wir frei sind, brauchen wir nur, dazusitzen und dem Regen zu lauschen. Ich stelle mir gerne den Regen als Bodhisattva Avalokiteshvara vor. Nach vielen regenlosen Wochen fängt die Vegetation an zu leiden. Wenn dann der Regen kommt, können wir sehen, wie alle Bäume und Büsche sich sehr glücklich fühlen. Ich glaube, sie mögen und genießen den Klang des Regens genauso sehr, wie ich das tue.

Achtsamkeit
ist Erleuchtung,
Verstehen,
Mitgefühl,
Befreiung und
Heilung.

Unser wertvollstes Geschenk

Wenn wir jemanden lieben, ist das schönste und wertvollste Geschenk, das wir ihm, das wir ihr machen können, unsere wahre Präsenz. Deshalb sollten wir üben, ganz da zu sein. Wir schauen ihn oder sie an und sagen: »Liebling, ich bin wirklich für dich da.«

Dies sollten wir aber nicht einfach nur so dahinsagen. Wir müssen wirklich ganz da sein, zu hundert Prozent. Um ganz da zu sein, benötigen wir eine oder zwei Minuten der Praxis. Wir atmen ein: »Einatmend bin ich ruhig, ausatmend lächle ich. Einatmend bin ich ganz da, ausatmend bin ich ganz da.« Wir üben das ein paar Mal, und plötzlich sind wir wirklich ganz präsent. Wir sind nicht mehr in unseren Problemen, unseren Projekten gefangen, weder die Zukunft noch die Vergangenheit halten uns fest. Wir sind ganz da für den Menschen, den wir lieben. Wenn wir uns dann ganz sicher sind, dass wir präsent sind, gehen wir zu dem Menschen, den wir lieben, wir sehen ihn ganz achtsam an und wissen, dass er ebenso ganz präsent ist, wir lächeln und sagen: »Liebling, ich bin für dich da, ich bin wirklich für dich da.«

Das ist ein wundervoller Moment, es ist ein Moment, in dem das Leben ganz real und tief wird: Die eine Person ist da, die andere Person ist da. Liebe ist da, denn beide sind füreinander da. Wenn wir jemanden lieben, dann sollten wir für ihn, für sie da sein. Dies ist die Praxis der Meditation: uns selbst zu hundert Prozent verfügbar zu machen als Geschenk für den Menschen, den wir lieben.

Den Kerker verlassen

Um uns herum und ebenso in uns können wir viele erfrischende, schöne und heilsame Dinge finden; wir müssen nur fähig sein, sie wahrzunehmen.

Der Himmel mag sehr blau sein, ganz klar und sehr schön, aber wenn wir in unseren Sorgen, in unserem Ärger gefangen sind, können wir den blauen Himmel nicht wirklich berühren. Kinder sind lebhaft, begeisterungsfähig, liebenswert, aber wir sind oft nicht in der Lage, sie auszuhalten, sie als kleine Wunder in unserer Umgebung wahrzunehmen. Wir kerkern uns in unseren Sorgen, unseren Ängsten, unserem Kummer ein.

Am Leben zu sein, ganz lebendig zu sein ist ein Wunder. Mit anderen Menschen auf diesem wunderschönen Planeten zu gehen ebenso. Erinnern wir uns daran, als wir einmal sehr krank waren und uns das

Atmen sehr schwer fiel, da konnten wir unser Atmen nicht genießen. Wir waren fiebrig und hatten keine Energie, aus dem Bett aufzustehen. Unsere Kraft hatte uns verlassen. Unser sehnlichster Wunsch war es, aufstehen zu können, in den Garten zu gehen und dort herumzuspazieren, aber wir konnten es nicht.

Wenn wir kräftige Beine haben und gehen können, Augen, die noch gut sehen können, die es uns erlauben, den Himmel, die Wolken, die üppige Vegetation zu sehen, Menschen anzusehen, Kinder, dann ist das etwas ganz Wundervolles.

Wir sollten uns immer wieder darum bemühen, die positiven Dinge wahrzunehmen, sie zu berühren. Wenn wir die heilenden und erfrischenden Elemente in uns und um uns herum berühren, dann erfahren wir Heilung, werden davon genährt.

Ein Kieselstein, eine Wolke, eine Blume, all das sind Wunder. Es wäre schade, wenn wir nicht ganz mit einem Blatt, einer Blume, einer Wolke, einem Wasserlauf sein könnten und uns stattdessen nur in uns selbst verbarrikadieren, in unserem Kummer, unserer Angst, unseren Sorgen.

Die Praxis ist einfach: Jeden Moment unseres täglichen Lebens tief zu leben und uns im gegenwärtigen Moment zu gründen, um darin zu verweilen. Wir hören auf, den Dingen nachzulaufen. Der Buddha hat ganz klar gemacht: Die Vergangenheit ist vorbei, und die Zukunft ist noch nicht da. Es gibt nur einen Moment, an dem uns das Leben zur Verfügung steht, und das ist der gegenwärtige Moment. Unsere Verabredung mit dem Leben findet jetzt statt. Dies ist alles ganz einfach und überhaupt nicht schwierig zu verstehen. Deshalb sollten wir all unsere Energie und Zeit dazu verwenden, diese Einsichten in die Praxis umzusetzen. Üben wir Achtsamkeit im Alltag. Lasst uns lernen, wie wir zum gegenwärtigen Moment zurückkehren, wie wir jeden Moment unseres täglichen Lebens ganz da sein können, denn in diesem Moment können wir all die schönen Dinge finden, nach denen wir suchen: Frieden, Freude, Stabilität, Liebe, das Reich Gottes, das Reine Land. All diese Dinge können nur im gegenwärtigen Moment berührt werden.

Die Bäume im Garten

Das Leiden ist sehr wichtig für unser Glück. Wir können nicht verstehen, nicht lieben, solange wir nicht wissen, was Leiden ist. Die Freude darüber, etwas zu essen zu haben, kann man sich nur vorstellen, wenn man einmal Hunger gelitten hat. In manchen Gegenden Chinas begrüßen sich die Menschen nicht mit »Guten Tag, wie geht es dir?«, sondern mit »Hast du schon gegessen?«, »Hast du etwas zu essen?« Wir wissen, es gibt Hunger und Tod. Unsere Liebe wird auf ganz einfache Weise ausgedrückt: Hast du schon gegessen? Hast du schon etwas zu essen gehabt?

Wir neigen dazu, das Leiden, die Sorgen und die Verzweiflung in uns beseitigen und entfernen zu wollen. Wir hätten gerne, dass Buddha oder Gott wie ein Chirurg handelt, der aus uns alles, was wir nicht an uns mögen, herausschneidet oder amputiert, das System sozusagen davon befreit.

Im Licht der Nicht-Dualität sind wir nicht nur die Blumen, wir sind auch der Abfall in uns. Wir können uns nicht einfach loswerden. Manchmal sind wir Liebe, manchmal sind wir Wut. Wir sind Liebe, aber wir sind auch Wut. Deshalb müssen wir uns sowohl um die Liebe als auch um die Wut in gleicher Weise kümmern.

Wenn ein Baum in unserem Garten stirbt, dann vergessen wir vielleicht, dass all die anderen Bäume noch leben. Wir lassen uns von unserer Trauer überwältigen, und plötzlich verlieren wir alles. Wenn ein Baum in meinem Garten stirbt, dann weiß ich das, aber es gibt noch andere Bäume, die grün und gesund sind. Wenn wir uns daran erinnern, werden wir nicht in unserer Traurigkeit versinken, und wir werden die Kraft haben, den Baum, der stirbt, vielleicht noch zu retten oder an seiner Stelle einen anderen zu pflanzen.

Lassen wir unser Herz ganz weit werden, damit wir wahrnehmen können, dass die Bedingungen für unser Glücklichsein schon da sind und die Ungerechtigkeit, die Grausamkeit oder Gemeinheit nicht ausreichen werden, um unser Leben zu zerstören.

Lasst uns

unser Herz mit

Zärtlichkeit,

Liebe und

Mitgefühl

umarmen, lächeln

wir ihm zu.

VERBUNDENHEIT UND INTERSEIN

Beziehung

Du bist ich, und ich bin du.
Zeigt sich nicht deutlich, dass wir
miteinander verbunden,
ineinander verwoben sind?
Du hegst die Blume in dir,
damit ich schön werde.
Ich verwandle den Unrat in mir,
damit du nicht leiden musst.

Ich unterstütze dich;
du unterstützt mich.
Ich bin auf der Welt, um dir Frieden zu schenken;
du bist auf der Welt, um mir Freude zu sein.

Intersein

Wenn wir tief in eine Blume hineinschauen, sehen wir all die Elemente, die zusammengekommen sind, um sie hervorzubringen. Wir sehen die Wolken, den Regen. Ohne Regen kann nichts wachsen. Wenn ich die Blume berühre, berühre ich die Wolke und den Regen. Dies ist keine Poesie, dies ist die Wirklichkeit. Wenn wir die Wolke und den Regen aus der Blume herausnehmen wollten, dann wäre die Blume nicht mehr da. Mit den Augen des Buddha sehen wir die Wolken und den Regen in der Blume. Wir können die Sonne berühren, ohne uns die Finger zu verbrennen. Ohne die Sonne kann nichts wachsen, und so können wir die Sonne nicht aus der Blume entfernen. Die Blume kann nicht getrennt existieren, sie muss mit dem Licht, mit den Wolken, mit dem Regen intersein. Das Wort Intersein kommt der Wirklichkeit näher als der Begriff Sein. Sein heißt tatsächlich Intersein.

Dasselbe gilt für Sie, für mich. Wir sollten uns darin üben, in unserem Alltag die Wirklichkeit des Interseins, des Nicht-Selbst in jedem Moment zu berühren. Wir sind mit den Wolken, mit dem Regen, mit den Kindern, mit den Bäumen, mit den Flüssen verbunden. Diese Verbindung offenbart uns die wahre Natur der Wirklichkeit, die Natur der Unbeständigkeit, des Interseins, des Nicht-Selbst, der gegenseitigen Abhängigkeit.

Der
gegenwärtige
Moment ist
voller Leben,
voller Wunder.

DAS KLEINE INSEKT

Wenn wir ein kleines Insekt in Gefahr sehen, werden wir vielleicht eine halbe Minute benötigen, um es zu retten. Wir glauben dann, wir haben dem Insekt zuliebe gehandelt, aus unserem Mitgefühl heraus. Aber während wir dies tun, kultivieren wir das Mitgefühl in uns selbst und sind glücklich dabei. Was bedeutet es, Mitgefühl zu entwickeln? Für mich heißt Mitgefühl, fähig zu sein, in Beziehung zu anderen Lebewesen zu treten. Wenn wir zu anderen Lebewesen in Beziehung treten, werden unsere Einsamkeit, unser Gefühl des Getrenntseins verschwinden. Für wen ist also dieses Mitgefühl – für die anderen oder für uns selbst? Die Antwort heißt: für beide Seiten. Jedes Wort, jeder Gedanke, jede Tat, die aus der Einsicht in das Nicht-Selbst, das Miteinander-Verwobensein herrührt, wird zur Heilung und Versöhnung in uns selbst und in unserer Umwelt beitragen.

Unbeständigkeit

Der Buddha sprach von der Unbeständigkeit der Dinge und Phänomene. Andere kluge Menschen haben ebenso davon gesprochen; zum Beispiel sagte Heraklit, dass man nicht zweimal in denselben Fluss steigen könne, denn der Fluss verändert sich ständig. Es ist eine Tatsache, dass sich alles verändert. Eine Ansicht, die nicht auf der Grundlage der Unbeständigkeit gründet, ist eine falsche Ansicht.

Dies ist nicht nur eine philosophische Sichtweise, sondern berührt das konkrete Leben unmittelbar. Wenn wir zum Beispiel Schwierigkeiten mit unserem Partner haben und kurz davor sind, uns heftig zu streiten, würde der Buddha uns sagen: »Liebe Freunde, schließt eure Augen. Stellt euch eure Lieben in dreihundert Jahren vor. Was ist dann aus ihnen geworden?« Wenn wir uns vorstellen, was in dreihundert Jahren sein wird, wenn noch nicht einmal mehr unsere Asche vorhanden sein wird, erkennen wir, dass es sehr unklug ist, sich zu streiten, denn das Leben ist so vergänglich. Wenn wir unsere Augen für die Unbeständigkeit öffnen, wird sich unser Ärger verflüchtigen. Wir sind gerettet durch unsere Einsicht in die Unbeständigkeit.

Intellektuell mögen wir schnell zustimmen, dass alle Dinge vergänglich sind, aber in unserem Leben agieren wir meistens so, als wäre das Gegenteil der Fall. Der Buddha spricht nicht über die Unbeständigkeit als Philosophie, sondern als Praxis, als Übung. Auch wir sollten sie als Übung verstehen. Wir können zum Beispiel einmal einen ganzen Tag lang unser Schauen und Lauschen mit der Einsicht in die Unbeständigkeit verbinden. Wenn wir eine Blume betrachten, sehen wir, dass sie unbeständig ist. Wenn wir einen Menschen ansehen, wissen wir, dass er vergänglich ist. So begleitet uns die Einsicht in die Unbeständigkeit den ganzen Tag – nicht als Theorie, sondern als Konzentrationsübung. Es ist die Konzentration auf die konkret erfahrene Unbeständigkeit, die uns helfen, die uns retten wird, nicht eine abstrakte Vorstellung von Unbeständigkeit.

Nicht-Selbst

Viele stellen sich vor, dass jeder Mensch eine von den anderen getrennte Seele hat, die immer und ewig gleich bleibt, auch dann, wenn der Körper altert und zerfällt. Das ist eine falsche Wahrnehmung, denn sie widerspricht der Wirklichkeit der Unbeständigkeit.

Nichts bleibt sich gleich in zwei aufeinander folgenden Momenten. Wenn wir also die Wirklichkeit der Unbeständigkeit akzeptieren, müssen wir auch die Wahrheit des Nicht-Selbst annehmen.

Unbeständigkeit wird aus der Zeitperspektive definiert. Aus der Raumperspektive gesehen, bedeutet das Nicht-Selbst. Nicht-Selbst und Unbeständigkeit sind eins.

Wenn der Sohn den Vater als von sich verschieden sieht, ihn als jemanden betrachtet, der ihm viel Leiden und Schwierigkeiten bereitet hat, möchte er seinen Vater vielleicht gerne mit Worten und Taten bestrafen. Seinen Vater leiden zu lassen, heißt aber aus der Perspektive des Nicht-Selbst, sich gleichzeitig selbst auch Leiden zuzufügen. Wir müssen begreifen, dass wir und unser Vater die gleiche Wirklichkeit teilen. Wir sind die Fortführung unseres Vaters. Wenn unser Vater leidet, werden wir auch leiden, und wenn wir unserem Vater helfen können, nicht mehr zu leiden, dann wird auch unser Glück möglich werden. Mit der Einsicht in das Nicht-Selbst können wir viele Fehler vermeiden.

Terroristen und die, die sie bekämpfen, haben die Vorstellung zweier voneinander getrennter Einheiten. »Wir müssen den Terroristen bestrafen, wir müssen ihn unschädlich machen, aussondern.« Und der Terrorist denkt ebenso: »Um zu überleben, muss der andere vernichtet werden.« Beide Seiten verstehen nicht, dass sie gleich sind.

Alle Parteien in einem Konflikt sollten Einsicht in das Nicht-Selbst gewinnen. Wenn eine Seite leidet, dann kann es keine Sicherheit, keinen Frieden und kein Verständnis auf der anderen Seite geben. Wenn beide Seiten gewahr werden, dass sie intersind, wenn sie die Natur des Nicht-Selbst berühren, dann werden ihre Ansichten zu rechten Ansichten. Mit rechter Ansicht werden wir auf rechte Weise denken, sprechen und agieren, und Sicherheit und Frieden können endlich möglich werden.

DER VATER IN UNS, DIE MUTTER IN UNS

Es ist sehr wichtig, uns mit unseren Ahnen und mit kommenden Generationen zu verbinden. Entfremdung ist eine Krankheit. Es gibt Menschen, die sich nichts und niemandem verbunden fühlen, und sie leiden an ihrem Getrenntsein, an ihrer Einsamkeit. Kein Verstehen, keine Liebe nährt sie. Die Verbindung wieder herzustellen ist eine sehr wichtige Praxis. Ich fühle mich immer als Fortsetzung meiner Ahnen. Jeden Tag übe ich, mich mit meinen Ahnen zu verbinden. Wir können sie in uns lebendig werden lassen, denn wir sind ihre Fortführung.

In unserer Sitzmeditation können wir zum Beispiel sagen: »Vater, ich bin dein Sohn. Oder: Ich bin deine Tochter.« Das ist eine Tatsache. Wir wissen das sehr gut, aber wir spüren das nicht immer. Wir haben das Gefühl, dass unser Vater eine Person ist und wir eine ganz andere. Aber so ist es nicht. Wir sind eine sehr reale Fortführung unseres Vaters so wie auch die Getreidepflanze die Fortführung des Getreidesamens ist. Auch wenn diese Feststellung sehr simpel klingt, so sollten wir sie tief erforschen, fühlen, ihre Realität leben. »Vater, ich bin deine Tochter, ich bin dein Sohn.« Egal wie schwierig es zuweilen für uns ist, diese Feststellung zu machen, so sollten wir nicht zögern, denn sie ist eine Tatsache. Auch wenn zwischen uns und unserem Vater Schwierigkeiten auftraten, so sind wir doch seine Fortführung. Wir sind immer noch er. All das Leiden, das er ertragen hat, ist möglicherweise immer noch in uns, und so liegt es an uns, an seiner Umwandlung zu arbeiten. Wenn wir fähig sind, dieses Leiden in uns zu transformieren, dann üben wir für beide, denn unser Vater ist in uns präsent.

Vielleicht haben wir als Jugendlicher schon so viel gelitten, dass wir uns vornahmen, ganz anders als unser Vater zu werden. Wir wollen das, was er uns angetan hat, niemandem antun. Wir sind ganz entschlossen, und doch: Weil wir nicht wissen, wie wir die Energien, die er uns übertragen hat, transformieren können, werden wir, wenn wir älter sind, die Tendenz in uns wahrnehmen, uns genauso zu verhalten. Das nennt man das Rad des Samsara, den Kreislauf des Leidens, einen Teufelskreis. Wir lassen unsere Kinder, unsere Partner genauso leiden.

Die Gewohnheitsenergie wird von Generation zu Generation übertragen. Der einzige Ausweg ist, wahrzunehmen, dass wir die Fortführung unseres Vaters, unserer Mutter, unserer Vorfahren sind. Wir sind er, wir sind sie, und wir sind entschlossen, so zu praktizieren, dass wir uns und sie gleichzeitig befreien können. Unsere Blutsverwandten haben uns viele guten Samen übertragen, aber ebenso auch viele negative. Es liegt an uns, so zu praktizieren, dass wir die positiven Samen stärken und die negativen Samen schwächen und transformieren.

Mit den Füßen unserer Vorfahren gehen

Die Praxis der Visualisierung ist eine im Buddhismus sehr wichtige Übung. Aber wir alle benötigen Vorstellungskraft und die Fähigkeit zu visualisieren. Wir brauchen sie, um zu lernen, um etwas zu gestalten. Wenn wir zum Beispiel Mathematik studieren, dann müssen wir gut visualisieren können, sonst können wir die projektive Geometrie nicht erlernen. Als Architekt müssen wir visualisieren können, um neue Formen zu erschaffen.

Wenn wir die Techniken der Visualisierung beim Gehen anwenden, können wir Liebe, Weisheit und Freude erfahren. Machen wir einen Schritt, dann können wir uns zum Beispiel vorstellen, dass unsere Mutter einen Schritt mit uns zusammen macht. Das ist nicht sehr schwierig, denn wir wissen ja, dass unsere Füße die Fortführung der Füße unserer Mutter sind. Wenn wir tief schauen, erkennen wir die Präsenz unserer Mutter in jeder Zelle unseres Körpers. Unser Körper ist die Fortführung des Körpers unserer Mutter. Wenn wir einen Schritt machen, dann können wir sagen: »Mutter, komm geh mit mir«, und plötzlich fühlen wir, wie unsere Mutter mit uns geht. Vielleicht hatte sie während ihrer Lebensspanne nicht die Möglichkeit, im Hier und Jetzt zu gehen, es zu ge-

Nimm Zuflucht
zu deinem Ein-
und Ausatmen,
nimm Zuflucht
zu deinen
Schritten.

nießen, die Erde zu berühren, so wie wir das jetzt können. Und so wird in uns Mitgefühl geboren, denn wir sehen unsere Mutter mit uns zusammen gehen. Nicht in unserer Vorstellung, sondern als Realität. Wir können unseren Vater und andere Menschen, die wir lieben, dazu einladen, mit uns zu gehen, und dabei fühlen wir, dass sie im Hier und Jetzt ganz gegenwärtig sind. Wir müssen nicht körperlich mit ihnen zusammen sein, um ihr Dasein zu berühren.

Wenn wir wissen, dass all unsere Vorfahren in jeder unserer Körperzellen ganz präsent sind, dann wissen wir, während wir einen Schritt machen, dass alle diesen Schritt mit uns zusammen machen. Unser Geist kann die Füße all unserer Vorfahren sehen, Millionen von Füßen, die mit uns einen Schritt machen. Wenn wir auf diese Art und Weise Visualisierung üben, dann wird das unsere Idee eines getrennten Selbst auflösen. Wir gehen und sie alle gehen mit.

Der Lotosteich

Jeder von uns ist ein Samen, ein wundervoller Samen, so wie der Samen einer Lotosblume. Wir sehen ein bisschen größer aus als ein Lotossamen, aber wir sind wundervolle Samen. In uns gibt es ganz viele Talente. Mitgefühl ist in uns, Verstehen und Liebe sind in uns. Wir können lächeln, wir können andere Menschen glücklich machen. Diese wunderbaren Kräfte, diese wundervollen Qualitäten sind uns von unseren Vorfahren übertragen worden. Wenn wir wissen, wie wir blühen und wachsen können, werden wir ein sehr schöner Lotosteich werden und anderen Menschen viel Glück bescheren. Aber nicht nur Menschen, sondern auch Tieren, Pflanzen und Mineralien. Ein kleiner Lotossamen kann viele Menschen glücklich machen.

Wir haben bereits viele gute Samen in uns, und wir erhalten ständig weitere Samen. Wenn ich Sie mit liebevollen Augen ansehe, mit den Augen des Vertrauens und der Bewunderung, wird ein guter Same in Ihnen gesät werden. Ich helfe dabei, einen Samen des Vertrauens, des Mitgefühls in Ihnen zu pflanzen, indem ich Sie mit den Augen der Liebe und des Mitgefühls ansehe. Und wir können uns gegenseitig helfen, indem wir gegenseitig gute und schöne Samen pflanzen.

Die
Vergangenheit
ist vorbei,
und die
Zukunft
ist noch nicht
da.

Die Kunst des Samenwässerns

Der Buddha hat uns gelehrt, wie wir unsere Energie kultivieren und bewahren können.

Dazu hat er vier Übungen vorgeschlagen:

Die erste Übung besteht darin, negative Samen nicht zu wässern. Wir wissen, dass es negative Samen in uns gibt und dass wir leiden, wenn sie sich manifestieren. Lassen wir sie also friedlich schlummern.

Wir sollten auf achtsame Weise konsumieren, damit die negativen Samen nicht gewässert werden.

Die zweite Übung bedeutet, eine negative Geistesformation, einen Samen, der sich manifestiert hat, wieder zurück in den Schlaf zu schicken, denn wenn wir ihn zu lange bei uns halten, wird er gestärkt. Wenn wir ihn eine Stunde lang im Geist herumtragen, dann hat er eine Stunde Zeit gehabt, sich zu stärken. Das ist gefährlich.

Die dritte Übung heißt, die guten Samen zu wässern, damit sie die Möglichkeit haben, sich im Geist zu manifestieren.

Wenn der gute Samen sich bereits manifestiert hat, helfen wir ihm, so lange wie möglich im Geist zu verweilen. Wenn ein guter Freund vorbeikommt, der uns gut tut, dann versuchen wir, diesen Freund so lange wie möglich bei uns zu behalten. Das ist die vierte Übung.

Unser Blumesein

Alle Blumen welken und werden Abfall. Obwohl Abfall stinkt, obwohl es unangenehm ist, Abfall anzufassen, werden wir, wenn wir wissen, wie wir mit dem Abfall gut umgehen, den Abfall zurück in Blumen verwandeln können. Gärtner werfen biologischen Abfall nicht weg. Sie bewahren ihn und kümmern sich um ihn, und in ein paar Monaten wird aus dem Abfall Kompost. Sie verwenden diesen Kompost dazu, Salat, Tomaten und Blumen zu düngen. Wir können somit sagen, dass Gärtner die Blumen bereits im Abfall sehen können, sie können die Gurken darin sehen. Dies hat der Buddha als nicht-dualistische Sicht auf die Dinge beschrieben.

Wenn wir aus einer solchen Perspektive schauen, dann werden wir verstehen, dass der Abfall eine Blume werden und die Blume wiederum Abfall werden kann. Dank der Blumen gibt es Abfall, denn wenn Blumen blühen, werden sie innerhalb einer gewissen Zeit zu Abfall werden; dank dieses Abfalls können wieder Blumen entstehen. Blumen und Abfall sind organischer Natur, denn beide, Blumen und Abfall, sind lebendige Wirklichkeit.

Ich denke, es ist wunderbar zu sterben; wenn wir geboren werden und sterben, dann sind wir lebendige Wirklichkeiten wie die Blume und der Abfall. Wir sind lebendig. Alles, was nicht geboren wird, nicht stirbt, nicht wächst, ist nicht lebendig. Lebendig zu sein heißt, geboren zu werden, zu wachsen, alt zu werden, zu sterben, wieder geboren zu werden, zu wachsen, alt zu werden, zu sterben und so weiter. Wie sollte Leben ohne Veränderung möglich sein?

Eine Blume mag sterben, aber ihr Blumesein nicht. Selbst wenn eine Blume zu Abfall geworden ist, wissen wir, dass wir die Blume wieder zurückholen können. Als gute Gärtner wissen wir, wie wir mit Kompost, Samen, Wasser und Erde umgehen müssen, damit wir die Blume zurückbringen können. Dies bedeutet, dass die Blume zwar sterben wird, aber ihr Blumesein, ihre Essenz, ist immer da.

Das Negative nährt das Positive

Die Praxis der Meditation bedeutet nicht, eine Trennlinie zu ziehen zwischen der positiven Energie, die wir das Gute nennen, und der negativen Energie, die wir das Schlechte nennen. Das ist nicht der Weg, denn das hieße, zu unterscheiden, zu diskriminieren, und ist nicht die Einsicht, von der wir Gebrauch machen sollten. Die Einsicht des Interseins bedeutet: Wir nehmen beide Energien als organisch wahr – das ist, weil jenes ist. Mit dem Abfall können wir Blumen ziehen, und die Blumen werden später wieder zu Abfall werden. Wir nehmen die Blumen in uns wahr, wir nehmen aber genauso den Abfall in uns wahr. Wenn es sich um eine Blume handelt, nehmen wir sie als Blume wahr. »Hallo Blume.« Wenn es Abfall ist, sagen wir: »Hallo Abfall.« Wir brauchen nur das Gärtnern zu lernen, dann wissen wir, wie wir uns um unsere schlechten Gewohnheitsenergien kümmern, wie wir sie in gute umwandeln können. Die Vorstellung, dass, wenn wir alle negativen Dinge entfernt hätten, nur noch das Positive übrig bliebe, ist nicht richtig, denn das Positive nährt sich aus dem Negativen und umgekehrt. Das ist die Einsicht in die Nichtdualität. Sie ist sehr wichtig für unser Leben.

Wenn wir gelernt haben, die negativen Dinge in uns zu akzeptieren, haben wir Frieden. Ich habe nichts dagegen, dass es negative Dinge in mir gibt. Ich nehme sie an. Ich habe gelernt, wie ich mich um die negativen Dinge kümmern kann. Ich habe auch gelernt, mich um das Positive zu kümmern, um es länger lebendig zu halten. Ich habe gelernt, wie ich die negativen Dinge verwandeln kann, damit sie das Positive nähren können. Dies alles kann nur mit Hilfe der Energie der Achtsamkeit geschehen. Deshalb besteht die Übung darin, zu lernen, achtsam und freudig zu essen, achtsam und freudig zu gehen, zu atmen mit Achtsamkeit und Freude. Achtsamkeit und Freude sollten Hand in Hand gehen.

Wir wissen, was unsere Gewohnheitsenergien uns und unseren Lieben schon angetan haben. Wir wissen, dass wir uns sehr gut um sie kümmern und sie umwandeln sollten. Deshalb sind wir entschlossen, die Energie der Achtsamkeit zu kultivieren, um die Gewohnheitsenergien jedes Mal wahrzunehmen, wenn sie versuchen, an die Oberfläche zu gelangen. Wir nutzen unsere Zeit, um Achtsamkeit zu üben. Wenn wir gehen, gehen wir achtsam; wenn wir essen, bemühen wir uns, achtsam zu essen. Wir versuchen, alles achtsam zu tun, denn wir möchten genügend Achtsamkeitsenergie zur Verfügung haben, um unsere Gewohnheitsenergien wahrzunehmen. Sobald wir sie erkennen, werden sie uns nicht mehr überwältigen. Jedes Mal, wenn wir sie wahrnehmen, verlieren sie an Stärke. Wenn sie dann erneut aufsteigen, nehmen wir sie wieder wahr. Nur so können wir ihre Macht verringern. Wenn wir so üben, dann nähren wir neue Gewohnheitsenergien, positive Gewohnheitsenergien.

EINE KLEINE ORANGE UND DIE REINKARNATION

Wenn wir einen Orangenbaum betrachten, können wir sehen, dass er sich jeden Tag bemüht, fortzubestehen. Jeden Tag lässt er Blätter entstehen, und im Frühling bringt er Orangenblüten hervor, die dann zu winzig kleinen Orangen werden. In diesen Orangen sind Samen, und damit sichert der Orangenbaum sein Fortbestehen.

Genauso ist das bei uns. Wir sind Menschen, und es ist ganz natürlich, dass wir uns darauf vorbereiten fortzudauern. Somit sind Fortdauer, Reinkarnation und Wiedergeburt etwas ganz Normales.

Wie dauern wir fort? Jedes Mal, wenn wir einen Gedanken hervorbringen, ist dieser Gedanke eine

Fortführung von uns. Dieser Gedanke wird sich auf uns auswirken, auf unseren Körper, unseren Geist und auf die Welt. Die Wirkung dieses Gedankens ist unsere Fortführung. Einen Gedanken hervorzubringen ist die Ursache; die Wirkung beruht darauf, was dieser Gedanke in uns und der Welt bewirkt.

Zu denken ist eine Handlung. Ein Gedanke kann sehr machtvoll sein, er kann schmerzhaft sein, er kann unseren Körper verändern, er kann unseren Geist ändern, er kann die Welt verändern. Denken ist eine Art Handeln.

Im Buddhismus verwenden wir das Wort Karma. Karma ist Handlung, Handlung als Ursache und Handlung als Ergebnis. Wenn wir einen Gedanken hervorbringen, ist dieses Hervorbringen eine Ursache für Karma. Dieser Gedanke wird eine Wirkung auf unsere geistige und körperliche Gesundheit haben und auf die Gesundheit der Welt.

Wenn wir einen Gedanken hervorbringen, sollten wir dafür Sorge tragen, dass dieser Gedanke ein guter Gedanke, ein rechter Gedanke, ist, denn dann wird er uns geistige und körperliche Gesundheit bescheren, und er wird der Welt dabei helfen, sich selbst zu heilen. Wir sollten versuchen, so zu leben, dass wir jeden Tag nur gute Gedanken hervorbringen, Gedanken, die in Richtung »Rechtes Denken« gehen.

Schlechte Gedanken können unsere körperliche und moralische Gesundheit und die der Welt zerstören. Wir müssen sehr gut aufpassen und sollten möglichst nur gute Gedanken in die Welt setzen. Rechtes Denken ist Handeln im Bereich des Denkens. Jedes Mal, wenn wir einen Gedanken denken, trägt dieser Gedanke unsere Signatur. Wir können nicht sagen: »Nein, ich habe diesen Gedanken nicht gedacht.« Das ist Karma, Karma-Ursache und Karma-Wirkung. Als Ursache wird der Gedanke auch eine Wirkung nach sich ziehen. Die Frucht der Ursache wird entweder bitter oder süß sein, abhängig von der Natur des Karma.

Unsere Sprach-»Früchte«

Auch Sprechen, Reden, ist eine Handlung. Wenn wir etwas sagen, dann haben unsere Worte eine Auswirkung auf unseren Körper, unseren Geist und auf die Welt. Eine wohlwollende Sprache wird uns Freude und Gesundheit – physisch und psychisch – bescheren, und wir werden die Welt in Richtung Gutsein verändern können. Wir sollten rechte Rede üben, um Verstehen, Freude, Hoffnung, Brüderlichkeit und Schwesterlichkeit zu inspirieren. Unsere Sprache ist

Unsere Verabredung mit dem Leben findet jetzt statt.

der Same, die Ursache. Was sie in uns und in der Welt hervorruft, ist die Karma-Frucht. Handlung als Ursache und Handlung als Ergebnis, als Frucht. Manchmal manifestiert sich die Handlungswirkung sofort nach der Ursache. Manchmal braucht es Monate oder Jahre, bevor ein Ergebnis sichtbar wird. Früher oder später wird sich die Wirkung aber einstellen.

DER MENSCH ALS SUMME SEINER HANDLUNGEN

Die dritte Art Handlung ist körperliches Handeln. Mit dem Körper können wir einiges bewerkstelligen. Wir können einen Menschen, ein Tier, einen Baum umbringen. Wir können aber auch einen Menschen, ein Tier, einen Baum retten. Auch diese Art Handeln hat Wirkungen auf unsere physische und psychische Gesundheit, auf die der ganzen Welt.

Der Philosoph des Existenzialismus Jean Paul Sartre sagte, dass der Mensch die Summe seiner Handlungen sei. Wenn ein Kind geboren wird, hat es noch keine Handlung ausgeführt, deshalb kann man es nicht definieren. Sobald der Mensch zu handeln beginnt, können wir uns seine Handlungen ansehen und damit den Menschen sehen. Der Mensch wird durch seine Handlungen definiert. Diese Position steht dem Buddhismus sehr nahe.

Doch wir müssen ebenso die Gedanken mit einbeziehen. Unsere Rede erwächst aus unseren Gedanken. Denken ist die Basis allen Sprechens und allen Handelns. Wir können sagen, dass der Mensch die Summe seiner Gedanken, seiner Worte und seiner Taten ist.

Denken, Reden und Handeln erzeugen Karma. Diese Energie erzeugen wir in jedem Moment unseres täglichen Lebens. Jeder Gedanke, jedes Wort, jede unserer Handlungen trägt unsere Signatur. Das ist unsere Fortführung. Es geht nichts verloren.

Alle Gedanken, alles Reden, alle Handlungen, die wir hervorbringen, beeinflussen die Welt, und das ist unsere Fortführung, unsere Reinkarnation, unsere Wiedergeburt. Nichts geht verloren. Deshalb sollten wir uns um eine gute Zukunft kümmern; um eine gute Fortführung unserer selbst im Hier und Jetzt durch rechte Gedanken, rechte Rede, rechte Handlungen.

Das kollektive Karma

Die Art und Weise, wie wir unseren Alltag leben, ob wir achtsam sind oder nicht, hat sehr viel mit dem Frieden in der Welt zu tun. Wir sollten uns bemühen, eine Arbeit zu finden, die Menschen, Tieren, Pflanzen und der Erde zuträglich ist – oder die zumindest nur in geringem Ausmaß schädlich ist. Es ist heutzutage schwer, eine Arbeit zu finden, aber wenn unsere Arbeit dazu beiträgt, Leben zu schaden, sollten wir versuchen, eine andere zu finden. Unser Beruf kann unser Verstehen und unser Mitgefühl nähren oder er kann sie zerstören.

Unsere Art zu leben ist aber nicht nur eine persönliche Angelegenheit. Sie ist unser kollektives Karma.

Nehmen wir an, ich bin Lehrer und glaube daran, dass in Kindern Liebe und Verstehen zu nähren eine wunderschöne Aufgabe sei. Wenn mir nun jemand vorschlagen würde, mit dem Lehren aufzuhören und dafür zum Beispiel Metzger zu werden, wäre das für mich ein absurder Vorschlag. Meditiere ich aber über die Wechselbeziehung aller Dinge, kann ich sehen, dass nicht nur Metzger für das Töten von Tieren verantwortlich sind. Alle, die wir Fleisch essen, sind mitverantwortlich für das Töten. Wir mögen vielleicht denken, dass der Lebenserwerb des Metzgers falsch sei und unser Beruf in Ordnung, aber äßen wir kein Fleisch, dann bräuchte der Metzger auch keine Tiere zu töten oder zumindest weniger. Richtiger Lebenserwerb ist eine kollektive Angelegenheit. Der Lebenserwerb jedes Einzelnen betrifft uns alle. Die Kinder des Metzgers gehen vielleicht in meine Klasse und profitieren von meinem Unterricht, während meine Kinder mit verantwortlich sind für den Lebenserwerb des Metzgers, weil sie Fleisch essen.

Wir müssen also bei einer genaueren Betrachtung des rechten Lebenserwerbs auch die Situation, in der wir unser Gehalt verdienen, genauer anschauen. Unser ganzes Leben und die ganze Gesellschaft sollten in unsere Betrachtung einbezogen werden. Alles, was wir tun, trägt dazu bei, wie wir auf rechte Weise rechten Lebenserwerb praktizieren können. Wir werden nie hundertprozentig erfolgreich sein. Aber wir können uns vornehmen, auch in unserer Arbeit in Richtung Mitgefühl zu gehen und das Leiden zu reduzieren. Und wir können uns vornehmen, so zu arbeiten, dass es in der Gesellschaft mehr rechten als unrechten Lebenserwerb gibt.

Ein Arm voll Poesie, Tropfen von Sonnenschein

Der Sonnenschein schwingt auf dem Raum,
und die Poesie schwingt auf dem Sonnenschein.
Die Poesie gebiert den Sonnenschein
und der Sonnenschein die Poesie.

Der Ausdruck »ein Arm voll Poesie« mutet uns sehr ungewöhnlich an, und wenn wir von Tropfen sprechen, dann sagen wir Regentropfen oder Tautropfen, aber niemand sagt: ein Tropfen Sonnenschein. Dieses Gedicht ist eine Einladung tief, auf erwachte Weise, zu schauen und einen Arm voll Poesie und Tropfen von Sonnenschein zu sehen.

Wie könnten wir ohne Sonnenschein Poesie erschaffen? Ohne Sonnenschein würden wir sterben. Doch der Sonnenschein kommt auch aus der Poesie. Poesie ist nicht nur angenehm und lieblich, sie kann auch explosiv sein wie Donner. Sonnenschein ist nicht nur angenehm, es gibt auch einen kraftvollen, zerstörerischen Aspekt darin. Manchmal ist Sonnenschein trocken und brennend heiß. Wenn wir Gedichte lesen, kann in ihnen etwas Liebliches sein, ein Gedicht kann aber auch ein Schrei sein, der die Ungerechtigkeit anprangert. In diesen ersten beiden Sätzen können wir die gegenseitige Abhängigkeit erkennen.

Im Herzen der Bittermelone wird die Sonne gehütet,
aus dem Dampf einer Schale Suppe im Winter entsteht die Poesie

Ich habe dieses Gedicht im Winter geschrieben. Im Sommer davor hatten wir viele Bittermelonen angebaut, mehr als wir essen konnten. Wir packten sie in die Kühltruhe, und mitten im Winter nahmen wir sie wieder heraus und machten Suppe. Die Bittermelone hat viel Sonnenschein angesammelt. Im Winter konnten wir die Sonne gar nicht sehen, es war nur grau und wolkig, mit einem kalten, scharfen Wind. Wir nahmen einen Scheit Holz und steckten ihn in unseren Ofen. Zu dieser Zeit hatten wir in Plum Village noch keine Zentralheizung. Wir benutzten nur Holzöfen. Wir konnten draußen den Sonnenschein nicht sehen, aber wir konnten die Sonne im Holzscheit und in der Bittermelone in unserer Suppenschüssel berühren. Selbst im tiefsten Winter wissen wir, dass die Sonne uns nicht verlassen hat. In der Wärme in unseren Häusern, in unserer Suppenschüssel erkennen wir die Sonne: Wir spüren, dass die Sonne immer noch da ist.

Wirbelnd lauert draußen der Wind.
Die Poesie ist wieder da, um auf alten Hügeln und Steppen zu spuken.

Und dennoch bleibt die alte Strohhütte am Flussufer stehen und wartet.

Als ich draußen den heulenden Wind hörte, dachte ich an Vietnam mit seinen vielen einfachen Strohhütten. Natürlich gibt es auch jede Menge guter Häuser in Vietnam, aber ich dachte an die Familien, die besonders notleidend sind. Ich dachte an die strohgedeckte Hütte am Flussufer, wo die Menschen auf unsere Unterstützung warten. Mein Geist verbindet sich mit dem Holz, mit den materiellen Dingen, mit der Welt der Phänomene. Zur gleichen Zeit, wenn ich den Wind höre, wird mein Speicherbewusstsein berührt, und ich erinnere mich an die Bilder meiner Heimat. Als ich Vietnam vor etwa fünfunddreißig Jahren verlassen habe, gab es viele arme Menschen, die in solchen Hütten lebten. Mein Geist berührte die Bittermelone, und als ich das Heulen des Windes hörte, verband sich mein Geist mit dem Bild von dem Tag, als ich Vietnam verließ und all die Menschen, die unter den Bombenabwürfen litten, zurücklassen musste. Sie sind immer noch arm und warten auf Hilfe.

Der Frühling trägt in seinem Nieseln Poesie.
In seiner orangefarbenen Flamme sprüht das Feuer Poesie.
Sonnenschein wird bewahrt im Herzen des duftenden Holzes.

In diesem Gedicht ist der Frühling noch nicht gekommen, es ist noch Winter, alles ist dunkel. In jedem Regentropfen im Frühling ist Poesie. Die Poesie ist im duftenden Holz gespeichert. Wenn wir praktizieren, dann können wir, wenn wir ein Stück Holz in das Feuer geben, erkennen, dass wir den Sonnenschein in den Ofen stecken.

Warmer Rauch geleitet die Poesie zurück zu den
Seiten eines nicht offiziellen Geschichtsbuches.

Das Buch »Hermitage among the Clouds« (Einsiedelei in den Wolken) ist ein inoffizielles Geschichtsbuch über die wahre Geschichte von Tran Nhan Tong, einem Zen-Lehrer des 15. Jahrhunderts. Während des Winters schrieb ich dieses Buch. Meine Poesie ist das, was ich wirklich gelebt habe.

Sonnenschein, auch wenn er sich nicht im Raum
befindet,
erfüllt den Herd, der nun rosa schimmert.
Der Sonnenschein breitet sich aus,
nimmt die Farbe des Rauches an;
Poesie in ihrer Ruhe, die Farbe der dunstigen Luft.

Es sieht so aus, als ob der Sonnenschein nicht im Raum wäre, draußen ist es finster und düster, aber der Sonnenschein füllt den Holzofen aus. Wenn wir den Ofen anheizen, ist die Hitze, die herausströmt, Poesie. Auch die Bittermelonensuppe ist Poesie. Das ist die Sichtweise, die nicht in der Form gefangen bleibt. Wir sollten lernen, Dinge außerhalb der Form zu sehen. Wenn die Person, die wir lieben, gestorben ist, denken wir, dass sie nicht mehr da sei. Wenn wir aber tief schauen, sehen wir, dass sie immer noch da ist. Wir beklagen uns, dass die Sonne nicht scheint, aber die Sonne ist dort in der Schüssel mit dem grünen Gemüse, der Sonnenschein ist dort im Holzscheit.

Der Frühlingsregen enthält die Poesie in seinen Tropfen;
sie beugen sich nieder, um den Boden zu küssen,
damit die Samen keimen können.
Im Gefolge des Regens verweilt die Poesie auf jedem Blatt.

Jeder Regentropfen im Frühling dringt in das Blatt ein. In einem Regentropfen finden wir auch den Sonnenschein. Während des Sommers verdunstet der Sonnenschein das Wasser aus Weihern und Seen und formt die Wolken. Dank der kühlen Luft werden die Wolken zu Frühlingsregen. Wir können sagen, dass der Regen die Erde küsst, wir könnten aber genauso gut sagen, dass der Sonnenschein die Erde küsst, denn in jedem Regentropfen ist Sonnenschein.

Wir entdecken die tiefe Verbundenheit zwischen Sonne und Erde.

In Plum Village gibt es sehr viele Brennnesseln. Im Winter kann man die wilden Pflanzen nicht sehen. Aber im Frühling bedarf es nur der Regentropfen, und man sieht sie überall.

Grün ist die Farbe des Sonnenscheins und rosa die der Poesie.
Auf ihren Flügeln bringen die Bienen
den Blumen Wärme und Sonnenschein.
Die Poesie gelangt auf den Fußspuren des Sonnenscheins in den tiefen Wald,
und sie trinkt voller Freude den Nektar.
Aufgeregt vor Freude über die Feier
bevölkern Scharen von Schmetterlingen und Bienen die Erde.
Der Sonnenschein kreiert den Tanz, die Poesie das Lied.

Üblicherweise denken wir, der Sonnenschein sei goldgelb und nicht grün. Tief schauend können wir sehen, dass der Sonnenschein grün ist.

In einem anderen Gedicht sagte ich, dass Schnee grün sei. Warum? Wenn der Schnee schmilzt und zu Wasser wird, dann sorgt er dafür, dass die Pflanzen sehr saftig und grün werden. Wenn wir oberflächlich hinsehen, ist der Schnee weiß. Aber wenn wir tiefer schauen, dann sehen wir das Grün im Schnee.

Wenn wir Schmetterlinge oder Bienen ansehen, dann können wir ganz viel Sonnenschein in ihnen entdecken. Was sonst tragen sie auf ihren Flügeln wenn nicht den Sonnenschein? Die Bienen bringen die Wärme der Sonne zu den Blumen. In der Blume ist ganz viel Sonnenschein. Wenn die Bienen die Blume besuchen, nehmen sie Honig mit nach Hause. Die Bienen bringen Wärme zu den Blumen. Wenn wir tief schauen, dann sehen wir überall Poesie; jede Sekunde, jede Minute. Wenn wir uns die Zeit nehmen, uns aufs Gras zu legen, werden wir die Erregung des Frühlings spüren. Jedes kleinste Wesen ist davon erfüllt und will wachsen.

Schweißtropfen fallen auf den harten Boden.
Gedichte fliegen die Furchen entlang.
Die Hacke trage ich leicht geschultert, und Poesie entfließt dem Atem.
Unten zum Fluss hin verblasst der Sonnenschein,
und zögernd verweilt die Silhouette des Spätnachmittags.
Die Poesie macht sich auf in Richtung Horizont,
wo der König des Lichts sich mit Wolken zudeckt.

Nachdem wir die Schönheit berühren konnten, sollten wir auch das Leid berühren. Wir sehen den

Schweiß des Bauern, der so hart arbeitet, um für uns Gemüse anzubauen, und wir sehen die Poesie in seinem Tun. Die Sonne legt sich zum Schlafen nieder, benutzt eine Wolke als Zudecke und erschafft eine wundervolle Atmosphäre.

Eine grüne Sonne findet sich in einem Korb voll
frischem Gemüse,
eine wohlschmeckende und gut gegarte Sonne
duftet köstlich in einer Schale Reis.

In Vietnam gibt es Reis, der »Acht Düfte Reis« genannt wird. Wenn man diesen köstlichen Reis isst, dann weiß man, dass man die Sonne kostet. Man kann die Poesie überall entdecken.

Poesie schaut mit den Augen eines Kindes.
Poesie empfindet mit einem wettergegerbten Gesicht.
Poesie findet sich in jedem aufmerksamen Blick.
Poesie – die Hände, die irgendwo in der Ferne
das arme und verdorrte Land bestellen.

Wenn ich weit weg von meiner Heimat köstlichen Reis esse, dann sehe ich die harte Arbeiter des Bauern; ich sehe die Augen eines Kindes, dünn und unterernährt. Während ich esse, kann ich den Blick dieses Kindes spüren. Ich erinnere mich an einen Tag im Kim-Son-Kloster in San José, Kalifornien. Eine Journalistin vietnamesischer Herkunft fragte mich: »Wie kann ich Sie unterstützen? Vielleicht kann ich Ihnen als Journalistin helfen.« Ich sagte: »Bitte helfen Sie durch Ihre Arbeit mit, dass jedes Kind in Vietnam jeden Tag eine Tasse Sojamilch zum Trinken hat. Das ist mein einziger Wunsch.« Es gibt viele Kinder in Vietnam und in etlichen Teilen der Welt, die nicht gesund und stark werden können, weil es ihnen an angemessener Nahrung mangelt.

An diesem Morgen sah ich ein Foto, das eine Gruppe von drei- bis fünfjährigen Kleinkindern zeigte. Das Foto war in Do Linh aufgenommen worden, der Heimatstadt meiner Mutter, die in einer sehr armen Gegend liegt. Meine Mutter war ein armes, unterernährtes Kind gewesen, genauso wie die Kinder auf dem Foto. Wenn diese unterernährten Kinder ordentlich aufwachsen können, so wie meine Mutter es schließlich konnte, weil sie eine gute Familie hatte, dann können sie zu gesunden Menschen heranwachsen und eine gesunde Person wie mich zur Welt bringen. Wenn ich ein wenig dünn und kleingewachsen bin, so liegt das daran, dass auch ich als Kind nicht regelmäßig Milch trinken konnte.

Ich sehe jedes Kind in Do Linh als meine Mutter an, jedes Kind in Vietnam ist meine Mutter, jedes Kind in Thailand ist meine Mutter. Ich sehe, dass jedes Kind in Afrika und überall sonst meine Mutter sein könnte. Wenn wir tief schauen, können wir das erkennen. Das nennen wir »aufmerksamer Blick«. Poesie findet sich in jedem aufmerksamen Blick. Mit einem aufmerksamen Blick können Sie das Kleinkind sehen und zugleich die Vergangenheit und Zukunft dieses Kindes. Dieses Kind kann eine starke Mutter werden, die ein gesundes Kind zur Welt bringt, oder eine schwache Mutter, die ein behindertes Kinder gebiert.

Es gibt Bauern, die sehr hart arbeiten, aber es reicht nicht, um ihre eigenen Kinder zu ernähren. Wir verweilen im gegenwärtigen Moment, aber wir sehen weit darüber hinaus, wir sehen den ganzen Planeten. Wir verweilen im gegenwärtigen Moment, aber wir sehen die Vergangenheit und die Zukunft. Im gegenwärtigen Moment zu verweilen bedeutet nicht, in diesem gegenwärtigen Moment begrenzt zu sein.

Die lächelnde Sonne, die die Sonnenblume erhellt;
die reife und kräftige Sonne, verborgen in einem
Pfirsich im August;
Poesie folgt jedem meditativen Schritt,
Poesie kleidet die Seiten aus.

Eine Person, die achtsame, anmutige Schritte macht, sieht aus wie ein Gedicht. Wenn wir eine Zeile voller Mitgefühl schreiben, dann ist das Poesie.

Diskret,
verborgen in einem Essenspaket,
nährt Poesie die Liebe.

Zu der Zeit, als ich dieses Gedicht schrieb, war es unmöglich, Geld nach Vietnam zu schicken. Es war unmöglich, die ärmsten Kinder und die alten Menschen zu erreichen. Die Regierung verbot unsere Sozialarbeit. Und doch fanden wir einen Weg, um den ärmsten Menschen in Vietnam etwas zukommen zu lassen. Wir kauften in Frankreich Medikamente. Sister Chan Khong, ich und viele andere packten die Medikamente in Päckchen und schickten sie an Familien in Vietnam, die sie gegen dreihundert Kilogramm Reis tauschen konnten, um ihre Kinder zu ernähren. Wenn der Empfänger zum Beispiel den Familiennamen Nguyen hatte, dann nahmen wir den auch als Absender. Wenn wir unsere richtigen Namen Thich Nhat Hanh und Sister Chan Khong angegeben hätten, dann wären die Empfänger verhaftet worden. Wir beschrifteten jedes Paket so, dass es aussah, als sei es von einem in Frankreich lebenden Familienmitglied geschickt worden. Die kommunistische Partei hatte nicht die Möglichkeit herauszufinden, ob sich diese Person wirklich in Frankreich aufhielt. Wir schickten tausende solcher Pakete zu tausenden Familien. Solch ein Paket war wie ein Geschenk des Himmels, es konnte ganze Familien ernähren. Wir mussten in vielen verschiedenen Handschriften schreiben, sonst wäre die Regierung argwöhnisch geworden und hätte die Empfänger verhaftet. Wir machten diese Arbeit mit viel Liebe.

Mit den
Augen des Buddha
sehen wir
die Wolken
und den Regen
in der Blume.

KONTAKTADRESSEN

Spirituelles Zentrum von Thich Nhat Hanh:
Plum Village
New Hamlet
13 Martineau
F-33580 Dieulivol
Tel.: 0033-5-56 61 66 88
Fax: 0033-5-56 61 61 51
www. Plumvillage.org

Nähere Informationen für Deutschland:
Gemeinschaft für Achtsames Leben, Bayern e. V.
Hans-Miederer-Straße 17
83727 Schliersee
Tel. 08026-6736
E-Mail: info@gal-bayern.de

SEMINARANGEBOTE FÜR DEUTSCHLAND

Intersein Zentrum für Leben in Achtsamkeit
Haus Maitreya –
Unterkashof 2 1/3
94545 Hohenau
Tel.: 08558-92 02 52
www.intersein-zentrum.de

Quelle des Mitgefühls
Meditationshaus in der Tradition von Plum Village
Heidenheimer Straße 27
13467 Berlin
Tel.: 030-40 58 65 40
Fax: 030-40 58 65 41
www.quelle-des-mitgefuehls.de

THICH NHAT HANH ZUM WEITERLESEN

Die Welt ins Herz schließen
ISBN 978-3-89901-202-6

Jeden Augenblick genießen
ISBN 978-3-89901-231-6

Das Wunder der Achtsamkeit
ISBN 978-3-89901-238-5

Antworten von Herzen
ISBN 978-3-89901-281-1

Wie Siddhartha zum Buddha wurde
ISBN 978-3-89901-347-4

Frei sein, wo immer du bist
ISBN 978-3-89901-388-7

Umarme deine Wut
ISBN 978-3-89901-447-1

Achtsam leben - wie geht das denn?
ISBN 978-3-89901-574-4

Aus Angst wird Mut
ISBN 978-3-89901-966-7

Der Geruch von frisch geschnittenem Gras
ISBN 978-3-95883-080-6

Das Wunder des bewussten Atmens
ISBN 978-3-95883-082-0

Zum Autor

Der 1926 in Vietnam geborene Zen-Meister *Thich Nhat Hanh* gehört als Vertreter eines sozial-engagierten Buddhismus zu den bedeutendsten spirituellen Persönlichkeiten der Gegenwart. Seine besondere Fähigkeit, die Bedeutung der Lehre Buddhas für die heutige Zeit verständlich zu machen, und sein tiefes Verständnis der Probleme des Westens haben ihn weltweit bekannt gemacht. Seit vielen Jahren lebt er in Frankreich in der von ihm gegründeten Gemeinschaft Plum Village. Seine Bücher wurden in zahlreiche Sprachen übersetzt.

Zur Herausgeberin

Ursula Hanselmann, geboren 1956 in Concepcion, Chile, betreut zusammen mit ihrem Mann das Praxis- und Meditationshaus »Quelle der Achtsamkeit« in Schliersee. Sie gehört der Gemeinschaft für achtsames Leben Bayern an, leitet das Redaktionsbüro der Zeitschrift *Intersein* und ist im April 2006 in den Intersein-Orden aufgenommen worden.

Bibliografische Information der Deutschen Nationalbibliothek
Die Deutsche Nationalbibliothek verzeichnet diese Publikation in der Deutschen Nationalbibliografie; detaillierte bibliografische Daten sind im Internet über http://dnb.d-nb.de abrufbar.

Herausgegeben, zusammengestellt und übersetzt von
Ursula Hanselmann
Lektorat: Ursula Richard

Die Gedichte sind dem Band *Nenne mich bei meinen wahren Namen, Gesammelte Gedichte,* entnommen
(übersetzt von Karen Siebert) Berlin: Theseus Verlag, 1997.

Projektbetreuung: Amelie Ullrich
Kalligrafien © Kerstin Fiebig, ad department
Gestaltung und Satz: Tina Agard Grafik & Buchdesign, Stuttgart
Titelillustration: © iStockphoto: VeraPetruk
Druck: CPI – Clausen und Bosse, Leck
Printed in Germany

ISBN 978-3-95883-081-3
E-Book ISBN 978-3-95883-111-7

Dieses Buch wurde auf 100% Altpapier gedruckt und ist alterungsbeständig.
Weitere Informationen hierzu finden Sie unter
www.weltinnenraum.de